KB268981

목마른 사슴의 노래

목마른 사슴의 노래

한국의 크리스천을 위한
31일 동안의 치유기도서

목마른 사슴의 노래

신현복 엮음
(한국교회와 가정을 연구하는 모임 대표)

도서출판 아침
Christian Home Books

이 책을

_____________ 님께 드립니다.

이 책의 안내를 따라
성숙한 영적 순례를 계속해 가시면,
치유하시는 하나님께서 속히
그 얼굴을 비추실 것입니다.

_______________ 드림

추천의 말

　기도는 하나님과 그 백성이 나누는 대화입니다. 기도는 영적 성장과, 하나님의 용서하심과, 신앙 형성과, 그리스도의 인도하심의 근거입니다. 특히 기도는 하나님의 능력이 드러나는 강력한 채널입니다. 육신의 고통과 마음의 상처를 지니고 있는 이들도 기도를 통해서 전혀 다른 세계의 희망과 비전을 볼 수 있습니다.

　그런 면에서 이번에 사랑하는 신현복 목사님이 엮은 치유기도서가 여러분의 신앙 생활에 큰 힘이 될 수 있으리라 확신합니다. 모두가 가정에 한 권씩 꽂아 두고 날마다 애독하거나, 고통의 자리에서 아파하는 이들에게 치유의 손길로 선물해 주시면 좋을 것이기에 온맘으로 추천합니다.

1999년 새해 아침에

박근원 （한신대교수, 한국목회상담협회 명예회장 / 한국교회와 가정을 연구하는 모임 고문）

앞마당

우리 주변에는 지금도 갖가지 질병으로 고통을 당하는 이들이 많이 있습니다. 육체적인 고통뿐만이 아닙니다. 마음의 외로움과 그리움과 괴로움으로 아파하는 이들도 너무나 많습니다. 스트레스로부터 영적 갈증에 이르기까지 우리가 상처받고 있는 요소들이 이루 다 형용할 수 없습니다. 이런 고통에 묻혀 산다고나 할까요? 고통은 위기를 가져옵니다. 그러나 그 위기가 우리에게 큰 도전이 되는 게 사실이지만, 새로운 삶의 기회가 되기도 합니다. 그런 위기와 고통을 효과적으로 대처하려면 어떻게 해야 할까요? 무엇보다도 인간의 고통에 대한 신앙적인 이해와 극복 과정이 필요합니다. 어떻게 말인가요? 그렇습니다. 우리 그리스도인에게는 '기도'라는 소중한 도구가 있습니다. 다시 말해서 치유를 위한 기도가 필요한 것입니다.

그러나 많은 그리스도인들이 고통에 직면해서 기도를

해야겠다고 마음 먹으나, 그 방법을 몰라 당황해 하거나 포기해 버립니다. 참으로 안타까운 일이 아닐 수 없지요. 기도는 결코 어려운 것이 아닙니다. 기도는 어떤 특정한 사람들의 전유물이 아닙니다. 바로 고통 중에 표현하는 여러분의 언어가 곧 기도입니다. 그래서 이 책에서는 특별히 치유에 초점을 맞추어 기도의 본보기를 제공해 보았습니다. 병상에 누워 있는 이들이나 마음의 상처로 힘들어 하는 이들에게 치유의 기도를, 환자를 치료하는 이들이나 주변에서 돌보는 이들에게 돌봄의 기도를 제시해 보았습니다. 한 달 동안에 하루에 세 번씩 기도 순례를 통하여 치유의 능력을 깨닫고 체험하시기 바랍니다.

치유 기도는 무엇보다도 성서적인 기도여야 합니다. 능력있는 기도, 응답받는 기도, 확신이 서는 기도는 성서의 증언을 토대로 해야 합니다. 매일 묵상을 통하여, 성서를 자기 심혼의 언어로 곧 자신의 신앙 고백으로 체화할 수 있어야 진정한 그리스도인의 생활 신앙이 가능해지는 것이지요. 예컨대, 시편 121편 1-8절을 따라 읽으면서 이런 기도를 드릴 수 있을 것입니다.

주님,
제가 눈을 들어 산을 봅니다.
'나의 도움이 어디서 오는가?'
제 도움은 하늘과 땅을 지으신 주님에게서 옵니다.
주님께서는 제가 헛발을 디디지 않게 지켜 주십니다.
저를 지키시느라 졸지도 않으십니다.
저를 지키시는 분은 졸지도 않으시고,
주무시지도 않으십니다.
주님은 저를 지키시는 분,
주님은 제 오른편에 서서,
저를 보호하는 그늘이 되어 주시니,
낮의 해도 저를 해치지 못하며,
밤의 달도 저를 해치지 못할 것입니다.
주님께서 저를 모든 재난에서 지켜 주시며,
제 생명을 지켜 주실 것입니다.
주님께서는 제가 나갈 때나 들어올 때나,
이제부터 영원까지 지켜 주실 것입니다. 아멘.

한편, 성서 본문을 신앙적으로 감친 기도 외에도, 교회 전통에서 전해 내려온 치유 기도가 많이 있습니다. 예를 들면, 에라스무스의 기도는 다음과 같습니다.

주 예수 그리스도이시여,
주님은 살아 있는 이들을 위한
건강의 유일한 근원이십니다.
주님은 죽어 가는 이들에게 영생을 약속하셨습니다.
저는 제 자신을 주님의 뜻에 맡깁니다.
주님의 뜻이 제가 이 세상에
더 오래 머무르는 것이라면,
현재의 제 병을 치유해 주시기를 빕니다.
주님의 뜻이 제가 이 세상을 뜨는 것이라면,
영원한 건강을 누릴
불멸의 몸을 얻게 될 것이라는 확실한 희망 속에서,
이 죽을 수밖에 없는 몸을 기꺼이 버리겠습니다.
제가 부탁드리는 것은 단지,
주님께서 제 고통을 덜어 주시어,
죽든지 살든지,

평화와 만족을 누리는 것입니다.

　아침에는 구약 성서의 기도를 중심으로, 한낮에는 신약 성서의 기도를 중심으로, 저녁에는 교회 전통의 기도를 중심으로 영적인 훈련을 계속해 가노라면, 여러분의 영혼의 샘에서 치유의 생수를 펑펑 길어올리는 생생한 느낌이 들 것입니다. 이 책의 사진을 제공해 주신 홍승민 원장님과 추천해 주신 박근원 박사님, 그리고 좋은 책을 만들어 주신 백성기 대표님께 감사를 드립니다. 아무쪼록 이 조그만 책이 병상에 누워 자신의 처지를 안타까와하는 이들에게, 또는 가정과 일터에서 마음의 병으로 아파하는 이들에게, 작지만 능력있는 희망의 선물이 되기를 바랍니다. 31일 동안 꾸준한 기도 생활을 통하여, 큰 은혜와 기적을 몸소 체험하시게 될 것입니다. 하나님의 치료하시는 손길을 간절히 기다리면서 ……．

1999년 새해 아침에
신현복

차림표

큰마당

목마른 사슴의 노래

1일

*

고통과 질병이 다가올 때

왜 착한 사람에게 안 좋은 일이 생길까요? 딴 사람도 아니고, 왜 내가? 행복하기만 하던 가정에 먹구름이 찾아듭니다. 예기치 않았던 질병과 그 뜻을 알 수 없는 고통스러운 사건. 당혹감을 감출 길이 없습니다. 하나님을 믿는 나에게, 우리 딸에게, 우리 부모에게 어떻게 이런 일이 일어날 수 있단 말인가? 눈물 섞인 탄식은 하늘을 향하여 끝갈 줄 모릅니다. 그전 같으면, 위기에 대해서는 모든 답변을 가지고 있다고 생각했는데, 막상 질병이 찾아온 지금, 아무런 답변도 내릴 수가 없습니다. 혼란스럽고, 놀라울 뿐입니다. 절망만이 가슴을 후비고 들어옵니다. 누가 나를 위로할 수 있단 말인가?

여러분은 지금 어떤 상태에 놓여 있습니까? 지금 여러분이 해야 할 일은 무엇이겠습니까?

무엇보다도 먼저, 계속해서 자신을 격려하십시오. 밤의 외로움을 직면하는 일이 현실적으로 힘들더라도, 여러분의 자존감을 유지하십시오. 아무도 여러분을 안아 줄 이가 없거들랑, 스스로를 껴안으십시오. 고통을 당한다고 해서, 여러분을 무가치하다거나 덜 가치롭다고 생각하지 마십시오. 의학적인 치료에 대하여 수동적으로 임하거나, 의사에게 여러분의 필요를 말하는 걸 어려워하지 마십시오. 너무 아파서 아무것도 할 수 없다고 죄책감을 느끼지 마십시오. 여러분의 존재 그 자체를 소중히 여기는 법을 배우십시오. 모든 것을 할 수 있다고 생각하지 마시고, 다만 몇 가지라도 할 수 있음에 감사하십시오. 어차피 인간은 모든 것을 다 이룰 수 없는 법이니까요.

여러분 자신을 위한 목표를 설정하십시오. 유머 감각을 잃지 마십시오. 날마다 감사드리고, 기쁜 마음으로 아침을 맞이 하십시오. 친구나 가족들의 위로를 받아들이십시

목마른 사슴의 노래

오. 여러분의 신앙과 종교적인 전통을 되짚어 보십시오. 현재의 역경 속에서도 의미를 탐구하십시오. 가장 어두운 밤중이라도 우리는 의미와 희망을 발견할 수 있습니다. 여러분은 이 고통스런 경험을 하게 해달라고 구하지 않았습니다. 그러나 그 고통에 어떻게 반응하느냐 하는 것은 선택할 수 있지요. 선택을 통하여 성장할 수 있고, 내 삶에 힘이 되는 적극적인 요소로 만들어 갈 수도 있는 것입니다.

그렇다면 심각한 질병이 찾아올 경우, 어떻게 그 질병과 함께 살 수 있을까요? 그 구체적인 방법은 다음과 같습니다.

① 질병에 대해서 이야기를 나누십시오. 암이면 암이라고 부르십시오. 잘못된 것을 숨기려 함으로써 삶을 다시 정상적으로 만들 수는 없습니다.

② 죽음을 삶의 일부로 받아들이십시오.

③ 하루하루를 삶의 다른 날처럼, 하나님이 주신 선물이라고 여기십시오.

④ 삶은 결코 완전한 것이 될 수 없으리라는 사실을 깨

고통과 질병이 다가올 때

달으십시오. 그것은 전에도 그랬고, 지금도 그럴 것입니다.

⑤ 기도하십시오! 그것은 약함의 표시가 아니라, 오히려 여러분의 강함입니다.

⑥ 여러분 자신이 그 질병으로 죽는 것을 생각하기보다는 그 질병과 함께 사는 법을 배우십시오. 우리는 모두 어떤 방식으로든 죽게 됩니다.

⑦ 친구들과 친척들이 여러분을 편하게 대하도록 하십시오. 여러분이 동정을 바라지 않는다면, 그것을 구하지 마십시오.

⑧ 장례예식이나 유언 등을 위한 실제적인 정리 정돈을 모두 해두십시오.

⑨ 새로운 목표를 설정하고, 여러분의 한계를 인정하십시오. 단순한 것들이 가장 즐거운 것이 될 수 있습니다.

⑩ 문제가 생길 때 가족들과 그것을 논의하십시오. 가능하다면 자녀들도 포함시키십시오. 결국, 여러분의 문제는 개인적인 것이 아닙니다.

참 좋다

창 1:26-31;출 16:26, 33:19;시 60:1;말 4:2

창조주 하나님,

하나님께서는 세상을 창조하실 때

순간순간 "참 좋다!"고 감탄하셨고,

마침내 인간을 지으시고는 무릎을 치셨습니다.

그런데도 하나님을 반역하여

타락의 길을 떠나온 인간,

하나님의 형상을 잃어 버린 채

각종 질병에 시달리는 저희는,

그래서 너무나 연약하고 어리석은 존재입니다.

그러나 하나님,

하나님께서는 자비가 필요한 이에게는 자비를 주시고,

궁휼이 필요한 이에게는 궁휼 주시기를
더디 하지 않으시는 분이심을 믿습니다.
비오니, 하나님의 궁휼어린 손길을 다시 한번 펼쳐 주십시오.
이렇게 병 중에 있는 저를 어서 회복시켜 주십시오.

오, 치료하시는 하나님이시여,
하나님의 이름을 경외하는 저에게
의로운 해가 떠올라서
치료하는 광선을 발하게 해주십시오.
그래서 제 몸과 마음의 병이 모두 치유받고,
외양간에서 풀려난 송아지처럼
뛰어다니게 해주십시오. 아멘.

목마른 사슴의 노래

주님은 치료자

마 4:23-24

주님,
주님께서 온 갈릴리를 두루 다니시면서,
회당에서 가르치시며,
하늘 나라의 복음을 선포하시며,
백성 가운데 모든 질병과 모든 아픔을
고쳐 주신 것을 기억합니다.
주님의 소문이 사방에 퍼져서,
사람들이 갖가지 질병과
고통으로 앓는 모든 환자들과
귀신들린 사람들과
간질병 환자들과 중풍병 환자들을
주님께 데려왔을 때에도,

고통과 질병이 다가올 때

주님은 그들을 고쳐 주셨습니다.
그래서 많은 무리가 주님을 따랐지요.

그와 같은 능력의 손길을
저에게도 펴시어,
이 아픔의 질곡에서 구해내어 주십시오.
예수님의 이름으로 기도드립니다. 아멘.

찬양할 수 없는 고통

나치안추스의 그레고리(329-389)

그리스도이시여,
저에게 힘을 주십시오.

저의 건강이 좋지 않습니다.
질병의 고통 때문에,
주님을 찬양하던 입술도 잠잠해져 버렸고,
말문도 막혀 버렸습니다.
주님을 찬양할 수 없는 게 견딜 수 없습니다.
오, 저를 다시 건강하게 해주시고,
온전하게 하시어,
다시 주님의 위대하심을 선포하게 해주십시오.
저를 버리지 마십시오, 제발 빕니다.
이제 다시 일어나 주님을 섬기게 해주십시오. 아멘.

고통과 질병이 다가올 때

28

●

목마른 사슴의 노래

2일
*

마음에 깊은 상처를 입었을 때

소라 껍질에 귀를 한 번 기울여 보신 적이 있나요? 어떤 소리가 들리던가요? 사람들은, 저마다 시인의 마음 되어, 소라에게서 남태평양의 바다 소리가 들린다고 합니다. 소라의 속삭임 속에는 어떤 메시지가 깃들어 있는 걸까요? 분주한 도시 생활 속에 영혼마저 말라 버린 현대인, 돌아갈 고향을 잃어 버린 21세기의 실향민들에게 무엇을 알리려고, 소라는 저 머나먼 순례를 감내하며 여기까지 달려 온 걸까요? 살아가는 데 여념이 없다보니, 주변을 돌아볼 시간이 없었습니다. 소라의 소리는 커녕, 바로 옆에 있는 이웃의 소리에마저 귀를 막은 지 오래입니다. 그것이 영혼을 잃어 버린 현대인의 자화상이지요.

　며칠 전 부산의 광안리 바닷가에 가본 적이 있습니다. 코를 찌르는 밤 바다 냄새와 함께 쏟아져 오는 파도 소리……해변을 거닐며, 오랫만에 속이 후련하고 심혼의 갈증이 촉촉히 적셔 드는 신선한 충격을 받았지요. 그것은 제 메마른 가슴을 후비고 들어 왔습니다. 부어라 외침의 소리가 들려 오는 것 같았지요.

　지금, 무슨 소리가 들리지 않습니까? 옆에 있는 동료·선후배·상사·직원·형님·누나·어머니·아버지·친구·아내·남편·아이들……그들의 가슴에다 귀를 대고 가만히 기다려 보세요. 무슨 소리가 들리지요? 그렇지요? 맞습니다. 그것은 분명치는 않지만, 하나같이 상처입은 소리들입니다.

　이 땅에는 아픔의 소리들이 너무 많습니다. 그것은 현대를 살아 가는 남녀노소들의 등 뒤에 드리워지는 마음의 그림자이지요. 멀쩡한 그 형제에게서, 항상 밝아 보이던 그 자매에게서, 그렇게 가슴 아픈 곡절이 있었는지 새삼 놀랍고 안타깝습니다. 사람들은 이야기를 해보라고 하면,

목마른 사슴의 노래

저마다 아픈 사연들을 꺼내 놓습니다. 그것은 '상처'(傷處)들입니다. 유아·어린이·십대·청년·중년·노년·누구라도 예외가 없습니다.

　누군가의 독백처럼, 인생의 아름다움은 옹이 진 나무의 옹골참과 상처를 진액으로 감싸고 감싸안은 진주 조개의 아픔 같은 것인지도 모릅니다. 인생은 후회와 고통 속에 여물어 갑니다. 인간에게 가장 큰 고통은 자신의 상처입니다.

　그것은 그야말로 상처입은 심혼(心魂)의 짙은 그림자이지요. 여기서 말하는 '그림자'라는 용어는 정신분석학자인 융의 표현이기도 합니다. 그 자체가 부정적인 면을 띠우고 있으면서 동시에 긍정적인 역할도 해낼 수 있는 아주 창조적인 부분이지요. "외로워요, 그리워요, 괴로워요, 화가 나요, 미치겠어요, 죽고싶어요!……" 우리의 그림자(shadow) 속에는 하나같이 기구한 사연들이 가득 차 있습니다. 그리고 그것은 이내 도와 달라는 애절한 부르짖음임을 알 수 있습니다.

마음에 깊은 상처를 입었을 때

상처 입은 치유자라는 말이 있습니다. 상처를 입어 본 사람만이 상처받은 이웃들을 온전히 이해하고 공감하며 치유의 길로 이끌 수 있다는 뜻입니다. 과부 사정 홀아비가 안다는 우리 속담도 그런 뜻이 아니겠습니까? 그 상처 입은 마음들을 싸매 주고 치유하는 일이 무엇보다 절실한 시대이지요.

목마른 사슴의 노래

마음을 소생케 하시는 이

출 3:13-15; 시 69:29-30, 32-34

스스로 계시는 하나님,

저는 가난하고 상처 받은 몸이오니,

주님의 구원하시는 은혜로 저를 지켜 주십시오.

그 때에, 저는 노래를 지어,

하나님의 이름을 찬양하렵니다.

감사의 노래로 하나님의 위대하심을 알리렵니다.

온유한 사람들이 보고서 기뻐할 것이니,

하나님을 찾는 이들의 심장에 생명이 고동칠 것입니다.

하나님께서는 가난한 사람의 소리를 들으시는 분,

마음의 깊은 하소연을 지닌 채

갇혀 있는 이들을 모르는 체하지 않으십니다.

마음에 깊은 상처를 입었을 때

하늘아, 땅아,
내 마음의 깊은 상처를 치료하시는
하나님을 찬양하여라.
바다와 그 속에 살고 있는 모든 생물아,
살아 역사하시는 하나님을 찬양하여라. 할렐루야.

심령이 가난한 이는 복이 있나니

마 5:1-12

주님,
심령이 가난한 이는 복이 있나니,
천국이 저희 것이라고 하셨지요?
애통하는 이는 복이 있나니,
저희가 위로를 받을 것이라고 하셨지요?

온유한 이는 복이 있나니,

저희가 땅을 기업으로 받을 것이라고 하셨지요?

의에 주리고 목마른 이는 복이 있나니,

저희가 배부를 것이라고 하셨지요?

긍휼히 여기는 이는 복이 있나니,

저희가 긍휼히 여김을 받을 것이라고 하셨지요?

마음이 청결한 이는 복이 있나니,

저희가 하나님을 볼 것이라고 하셨지요?

화평케 하는 이는 복이 있나니,

저희가 하나님의 아들이라

일컬음을 받을 것이라고 하셨지요?

의를 위하여 핍박을 받은 이는 복이 있나니,

천국이 저희 것이라고 하셨지요?

저를 인하여 너희를 욕하고 핍박하고,

거짓으로 너희를 거스려 모든 악한 말을 할 때에는

너희에게 복이 있나니,

기뻐하고 즐거워하라고 하시면서

하늘에서 너희의 상이 크다고 하셨지요?

마음에 깊은 상처를 입었을 때

주님,
주님 주시는 이 귀한 복을
온전히 누릴 수 있도록 오늘도 깨우쳐 주십시오. 아멘.

고난도 축복이라

페넬론(1651-1715)

오 나의 하나님,
하나님만이 저희 약함의 깊이를 살피시고,
하나님만이 저희를 치유하실 수 있습니다.
저희의 두 눈을 전지전능하신 성부 하나님께,
그리고 용기 있는 고난 속에서 저희의 모본이 되신
하나님의 성자께 돌릴 수 있도록 해주십시오.
그분께서 십자가에 못 박히셨기에,

저희는 고난이 축복으로
바뀔 수 있음을 알게 되었습니다.
주 예수 그리스도이시여,
주님은 살아 있는 이들을 위한
건강의 유일한 근원이십니다. 아멘.

마음에 깊은 상처를 입었을 때

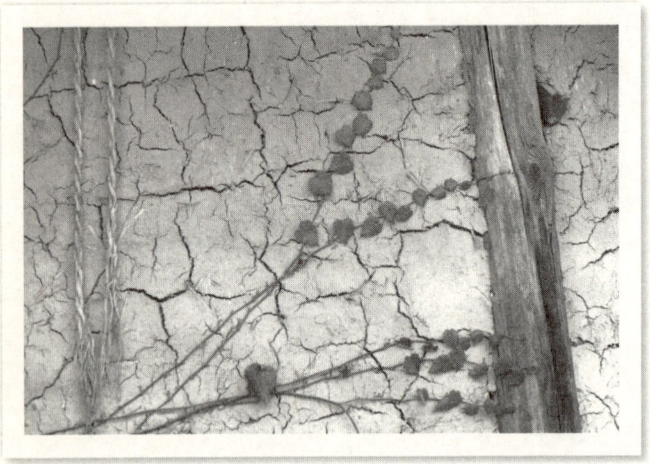

목마른 사슴의 노래

3일
*

누군가가 그리울 때

혜수는 남진을 여섯 달 동안 볼 수 없게 되었습니다. 열차를 기다리는 동안, 그녀의 눈가엔 눈물이 핑 돌았고, 마음 속에는 세찬 공허감이 몰려 들었습니다. 나중에 그녀가 말했지요. "난 내가 그를 미치도록 그리워할 거라는 걸 알았지요."

어떤 어머니도 이와 비슷한 감정을 토로했습니다 : "내 아들이 군대 간다고 떠나갔을 때, 난 자부심과 슬픔이 뒤죽박죽된 느낌이 들었어. 정말이지 내가 그를 그리워할 게 뻔했어. 그는 이십여 년 이상이나 매일 내 삶의 일부였어. 그가 떠난 자리에 커다란 구멍이 남겨졌지."

이별은 삶의 한 부분. 특히 고도로 움직임이 많은 현대 사회에서는 더욱 더 그렇습니다. 사람들이 멀리 이사를 가고, 가족들은 주어진 일 때문에 뿔뿔이 흩어집니다. 남편들은 아내들과, 아이들은 부모들과, 친구들은 친구들과 이별을 합니다. 이별은 변화의 한 형태이기에, 그것은 고통을 잉태하지요. 어떤 이들은 육체적인 증상을 경험하기도 하고, 어떤 이들은 깊이 파고드는 고요한 공허를 인식하기도 합니다.

그렇다면 어떻게 해야 이런 그리움을 치유할 수 있을까요? 무엇보다도 먼저, 여러분의 상실감과 슬픔을 받아들이세요. 슬픔과 공허감, 심할 경우 분노나 두려움은 여러분이 여러분에게 중요한 어떤 사람과 헤어졌을 때 정상적이지요. 지금은, 예전처럼 삶을 나눌 수 없다는 사실을 받아들이세요. 여러분은 단지 서로 간에 즉각적인 후원과 교우 관계를 못 나눌 뿐입니다. 여러분의 관계가 위협받는다거나, 여러분의 사랑이 식을 리는 없습니다. 지금, 이렇게 헤어져 있는 동안, 여러분이 삶을 나누는 방법이 다

목마른 사슴의 노래

를 뿐입니다.

관계를 지탱시켜 줄 수 있는 길을 발견하세요. 일기를 쓰세요. 여러분이 다시 만났을 때 나누고 싶은 사건·꿈·성취·실패·놀라움·관심사들을 기록하세요. 편지를 쓰세요. 편지는 멀리 떨어져 있는 여러분의 친구를 여러분의 마음과 정신 한가운데로 데려올 수 있습니다. 전화를 걸 계획을 세우고, 여러분의 한결 같은 따스함과 친밀함을 나눌 수 있는 때를 고대하세요. 다른 사람의 삶에서 중요한 날들을 놓치지 마세요. 특별한 경우들을 기억하는 것은 여러분이 떨어져 있는 순간이라 하더라도 그 사람과 그곳에 함께 있는 방법이지요.

홀로 시간을 보내는 것을 즐기세요. 홀로 있는 시간은 언제든지 개인 성장을 위한 기회입니다. 참여하고 있는 일을 계속 하세요. 움츠러들지 마세요. 옛 친구들에게 다가가면서, 새 친구들도 만드세요. 기억을 재생하세요. 유감스럽게도, 우리에게 가장 중요하다고 생각되는 사람들을 당연하게 대하기가 쉽습니다. 상대가 없는 기간, 여러

누군가가 그리울 때

분은 평소와는 다른 방법으로 사랑하는 사람의 가치를 생각해 볼 수 있는 기회를 갖게 됩니다. 미래를 바라보세요. 누군가를 그리워한다는 생각은 기대를 불러일으키지요. 다음에 여러분이 함께 만날 때를 계획하세요.

여러분의 이별이 길어질 것 같으면, 일어날 수 있는 불가피한 변화들을 예견하세요. 삶은 고정되어 있는 게 아닙니다. 변화에 적응하세요. 변화는 성장을 가리킵니다. 참고 견디세요. 여러분이 관심을 기울이기 때문에, 다시 되풀이하여, 서로 나눌 것도 많을 것입니다.

목마른 사슴의 노래

거룩한 길

사 35:1-10

주님,

그 날이 오면,

광야와 메마른 땅이 기뻐하며,

사막이 백합화같이 피어 즐거워하며,

무성하게 피어 기쁜 노래로 즐거워할 것입니다.

사람들이 주님의 영광을 보며,

우리 하나님의 영화를 볼 것입니다.

비오니, 저의 맥풀린 손이 힘을 쓰게 해주십시오.

저의 떨리는 무릎을 굳세게 해주십시오.

저의 두려워하는 마음을 격려해 주십시오.

주님,

그 때가 되면,
눈먼 사람의 눈이 밝아지고,
귀먹은 사람의 귀가 열릴 것입니다.
그 때가 되면,
다리를 절던 사람이 사슴처럼 뛰고,
말을 못하던 혀가 노래를 부를 것입니다.

주님,
거기에는 사자가 없고,
사나운 짐승도 그리로 지나다니지 않을 것입니다.
그 길에는 그런 짐승들은 없을 것입니다.
오직 구원받은 사람만이
그 길을 따라 고향으로 갈 것입니다.
주님께 속량받은 사람들에게
즐거움과 기쁨이 넘치고,
슬픔과 탄식이 사라질 것입니다. 아멘.

목마른 사슴의 노래

오실 그이가 당신이오니이까

마 11:2-5

주님,
요한이 여쭈었지요.
"오실 그이가 당신이오니이까?
우리가 다른 이를 기다리오리이까?"
그 때 주님께서는 몸으로 대답하셨지요.
소경을 보게 하셨고,
앉은뱅이를 걷게 하셨으며,
나병 환자를 깨끗하게 하셨고,
귀머거리를 듣게 하셨으며,
죽은 이를 살리셨고,
가난한 이에게 복음을 전파하셨지요.
지금 제가 다시 오시기를 기다리는 분도

바로 그 주님이십니다. 아멘.

하나님의 시간

신현복

사랑하는 하나님,
제가 ○○를 그리워하오니,
저희가 떨어져 있는 동안
이 사람을 하나님의 친절한 돌봄에 맡겨 드립니다.
저희의 이별이 하나님의 은혜로 인도되는
거룩한 기다림의 시간이 되게 해주십시오.
저희의 삶이 새로운 경험들, 다른 사람들,
그리고 간단한 변화에 접할 때,

저희 영혼의 눈이 하나님의 신실한 지혜 위에
놓일 수 있도록 해주십시오.
저희의 기다리는 시간을 위로해 주시고,
저희가 서로의 삶의 일부이기 때문에
저희 둘 안에 새벽을 넓히고
황혼을 기뻐할 수 있는 마음을 허락해 주십시오.
저희는 흥분 속에서 다시 만날 날을 고대하며,
그것이 하나님의 시간과 하나님의 계획 안에서
일어날 것을 믿습니다. 아멘.

누군가가 그리울 때

48
●
목마른 사슴의 노래

4일
*

두려움을 느낄 때

　생각없이 앉아 있다고 느꼈는데, 어느 순간 마음이 편하지 않고, 괜히 안절부절한 경험은 누구에게나 있을 것입니다. 이렇듯 이유를 알 수 없는 불안은 그것이 어디에서 연유해서 오든지 간에 앞으로 닥쳐 올 상황에 대한 두려움이지요. 예컨대, 길거리에 맛있는 음식을 파는 가게가 있는데, 주머니에 돈은 없고 배는 무척 고플 때, 당장 뛰어 가서 음식을 먹고 싶을 것입니다. 그러나 그래서는 안 된다는 도덕 관념이 이러한 생각을 행동으로 옮기는 것을 억제하는데, 이 때 사람은 불안을 경험합니다. 또한 죽음, 질병 등을 생각할 때, 사람들은 불안을 느끼게 되는데, 이러한 불안은 외적 상황에 대한 두려움을 느끼는

데서 오는 불안이지요. 곧 불안은 자기와 자기 자신을 둘러싼 상황의 변화에 대한 두려움에서 오는 마음의 불안정한 상태입니다.

골목길을 홀로 걸을 때, 가는 계절과 오는 계절이 맞물려 돌아갈 때, 팽그르르 하나의 나뭇잎이 떨어져 누울 때, 이웃 사람이 집을 높이고 땅을 넓혔다고 자랑할 때, 거울 앞에서 눈 밑의 주름을 발견했을 때, 이웃 나라의 전쟁 기사가 신문에 대문짝만하게 실렸을 때, 지구의 오존층이 점점 파괴되고 있다는 소리를 들었을 때, 어느 날 문득 나의 소유를 헤어려 보았을 때, 그리고 살아 온 날들을 뒤돌아보았을 때, 슬며시 다가오는 잿빛 그림자, 그것은 미래에 대한 불안이고 두려움입니다.

그렇다면, 어떻게 이런 두려움의 그림자를 치료할 수 있을까요? 흔히 사람들은 이런 두려움이라는 마음의 그림자를 달래려, 술에 의지하기도 하고 마약에 빠지기도 합니다. 또 사람들 틈바귀에 끼거나 일에 중독되어서, 그 두려움을 잊어 보려고도 하지요. 차를 샀을 때, 돼지머리

목마른 사슴의 노래

를 놓고 절을 하는 것은 우리의 이런 두려움을 해소해 보려는 전형적인 몸짓이구요. 담력이나 정신력만으로 해결될 수 있는 것이 아니지요. 괜한 헛기침, 진한 농담, 일관된 침묵, 끝없는 잠, 강박적인 취미 생활 등으로 두려움의 그늘을 애써 피해 가려하지만, 이런 식으로는 두려움의 그림자를 온전히 치유할 수가 없습니다. 거기에는 좀 더 적극적인 대안이 필요합니다. 이사야 51장 12절의 말씀이 어쩌면 그리도 우리를 부끄럽게 하는지요.

"너희를 위로하는 이는 나, 바로 내가 아니냐? 그런데 죽을 인간을 두려워하며, 한갓 풀에 지나지 않는 사람의 아들을 두려워하는, 너는 누구냐?"

두려움을 느끼게 하는 어두운 자화상을 지니고 있는 사람은 매우 엄격합니다. 자기를 애써 억압하지요. 삶에 여유라곤 찾아 볼 수가 없습니다. 신경질적이고 빈틈이 없으며, 정확하고 깐깐하기로 유명합니다. 그러나 그것은 모두 자신이 무시당하지 않을까 하는 데 대한 불안을 드

두려움을 느낄 때때

러내는 모습들입니다. 그것이 더 큰 두려움을 가져오곤
하지요. 악순환입니다. 그 악순환의 고리를 끊을 수 있는
전향적인 조치와 결단이 필요합니다.

"사랑에는 두려움이 없습니다. 완전한 사랑은 두려움을
내쫓습니다. 두려움은 형벌과 맞물려 있습니다. 두려워하
는 사람은 아직 사랑을 완성하지 못한 것입니다"(요한1서
4장 18절).

목마른 사슴의 노래

마음을 강하게 하라

수 1:9; 시 27:1, 4-9, 13-14

이 세상에 머무는 제 한 생애에,
제가 하나님의 은덕을 입을 것을 저는 믿습니다.
하나님을 기다릴 것입니다.
강하고 담대하게 말입니다.
하나님을 기다릴 것입니다.

하나님,
하나님께서 제게 명한 것이 아닙니까?
마음을 강하게 하고 담대히 하게 해주십시오.
두려워 말며 놀라지 말게 해주십시오.
제가 어디로 가든지,
하나님이 저와 함께 해주실 줄 믿습니다. 아멘.

두려움을 느낄 때때

담대하라 내가 세상을 이기었노라

요 16:33

주님,
주님 안에서
평안을 누리게 하시니 감사합니다.
세상에서는 제가 환난을 당하나,
담대하게 해주십시오.
주님께서 세상을 이기셨음을
늘 기억하게 해주십시오.
예수님의 이름으로 기도드립니다. 아멘.

두려움

아카누 이바임, 나이제리아

오 주님, 주님께 간구하오니,
미래에 대한 불안에서 저희를 구해 주십시오.
실패에 대한 두려움, 가난에 대한 두려움,
사랑하는 사람을 잃을지도 모른다는 두려움,
외로움에 대한 두려움, 질병에 대한 두려움,
늙어감에 대한 두려움,
사망에 대한 두려움에서 구하여 주십시오.

오 하나님, 은혜로 저희를 도우시어,
하나님만을 사랑하고 경외하게 하시며,
저희 마음에 아름다운 향기와
하나님에 대한 사랑의 신뢰를 채워 주십시오. 아멘.

두려움을 느낄 때때

목마른 사슴의 노래

5일

*

걱정이 될 때

왜 인간에게는 걱정 근심이 끊이질 않는 걸까요? 무엇을 먹을까? 무엇을 입을까? 무엇을 마실까? 이런 일은 어떻게 해야 잘한다고 소문이 날까? 정말 말세가 된 걸까? 이러다간 전쟁이 나는 거 아닐까? 우리 애들이 오늘도 별 일 없을까? 이게 몹쓸 병은 아닐까? 뭘 하면서 살아야 할까? 문화는 발전하는데 인간은 더욱 더 마음의 평화를 잃어 가고 있습니다. 끊임없이 자신을 짓누르는 걱정 근심에서 벗어나려고 문화의 옷으로 치장을 해보지만, 그 울타리를 벗어날 수가 없습니다. 있을 수도 없는 일까지 끌어안고 지레 걱정을 해대는 겁니다. 내일의 염려로 오늘을 잠시도 쉬지 못한 채 불안하게 보내는 인간, 안식이 없는 삶의 고단함, 그것이 바로 우리의 자화상이지요.

요즘 같은 케이블 TV 시대에는 채널을 연신 바꾸어 가며 하루 종일 뉴스만 보고 있는 이들도 있는데, 우리가 얼마나 많은 걱정거리를 스스로 재촉하며 스스로 애물 단지처럼 달고 다니는지 곰곰히 생각해 볼 필요가 있습니다. 오늘자 신문 사회면을 보십시오. 하나같이 감동을 주고 가슴을 따뜻하게 하며 삶의 보람을 느끼게 하는 것보다, 배신과 탄식, 전쟁과 범죄, 권력 경쟁과 정치 조작 등, 불면의 밤을 강요하는 것들 투성이입니다. 끝도 없는 이야기가 마음과 정신을 산란케 하고, 묵상과 기도에서 멀어지게 합니다.

눈만 뜨면, 현관 밑에 떨어진 신문 조각을 주워 들고, 좋은 소식(good news)이 아닌 나쁜 소식(bad news)부터 접하는 현대인, 이 나쁜 소식들 중 가장 나쁜 것은 바로 광고 사태입니다. 만일 우리가 이 책을 읽지 않고, 이 영화를 보지 않고, 이 연설을 듣지 않고, 이 신상품을 사지 않을 경우, 우리는 그만 매우 중요한 무엇인가를 놓쳐 버리고 말 것이라고 하는 광고들의 가차 없는 강요 때문에, 우리의 불안감은 더더욱 깊어만 가며, 이미 존재하고 있는 것들에 대한 그릇된 걱정들만 더욱더 키워 나가게 되는 것입니다. 우리의 직업과 우리가 몰두하고 있는 문제들이 우리의 외면적인 삶과 내부적인 삶을 가득 채우고 있습니다. 이것들 때문에 하나님의 성령께서 우리 안에서 자유롭게 숨쉬지 못하는 것이며, 이것들 때문에 하나님의 성령께서 우리의 삶을 새롭게 하시지 못하는 것입니다. 김남조 시인은 이렇게 노래했습니다.

그대의 근심 있는 곳에 나를 불러 손잡게 하라
큰 기쁨과 조용한 갈망이 그대 그대 있음에

문제는 이런 걱정거리와 그런 걱정거리를 짐지워 주는 대중 매체들을 바라보는 우리의 눈입니다. 여러분이 그것을 어떻게 이해하고 어떻게 받아들이며, 그것들을 어떻게 다스릴 수 있느냐가 중요합니다. 무엇보다도 먼저, 걱정은 결국 삶에 대한 두려움과 밀접한 관련이 있기 때문에,

걱정이 될 때

공포를 믿음으로 대치시키려는 노력이 필요합니다. 베드로전서 5장 7절과 빌립보서 4장 6-7절의 말씀이 그것입니다.

"여러분의 걱정을 모두 하나님께 맡기십시오. 하나님께서는 여러분을 돌보고 계십니다……아무것도 염려하지 말고, 모든 일을 오직 기도와 간구로 하고, 여러분이 바라는 것을 감사하는 마음으로 하나님께 아뢰십시오. 그리하면 사람의 헤아림을 뛰어넘는 하나님의 평화가 여러분의 마음과 생각을 그리스도 예수 안에서 지켜 줄 것입니다."

일어나서 먹으라

왕상 19:4-8

주님,
광야로 들어와 하룻길쯤 헤매다가,
로뎀나무 아래 누워 자는 외로운 엘리야에게,
주님은 천사를 보내시어 어루만지시며,
"일어나서 먹으라." 하셨지요.
숯불에 구운 떡과 한 병 물,
이에 먹고 마시고 다시 누웠더니,
치유하시는 하나님의 사자를 또 다시 보내시어,
어루만지시며 이르시되
"일어나서 먹으라,
네가 길을 이기지 못할까 하노라." 하셨지요.
이에 엘리야가 일어나 먹고 마시고,

걱정이 될 때

그 식물의 힘을 의지하여, 사십주 사십야를 행하여,
하나님의 산 호렙에 이르게 하셨지요.
오 엘리야의 하나님,
지금 이 시간 저에게도 임하여 주십시오. 아멘.

나의 평안을 너희에게 주노라

요 11 : 25-26 ; 14 : 1-6, 25-27 ; 16 : 33

부활이요 생명이신 주님,
주님께서는 마음에 근심하지 말라고 하셨지요.
하나님을 믿으니 또 주님을 믿으라고 하셨지요.
주님께서 저에게 평안을 끼치시니
저의 몸은 병상 위에 있을망정,

숨 쉬는 순간순간이 무척이나 행복합니다.
주님의 평안은 세상이 주는 것 같지 아니하니,
제 마음엔 근심도 없고, 두려움도 없습니다.
부디 성령 안에서 이 평안을 길이 누리게 해주십시오. 아멘.

날개 그늘 아래

인도

사랑의 예수님,
암탉이 병아리를 날개로 품어 보호함 같이,
이 어두운 밤,
주님의 황금 날개 그늘 아래
저희를 품어 주십시오. 아멘.

걱정이 될 때

목마른 사슴의 노래

6일

*

스트레스를 받을 때

"가슴이 두근두근 조여 오고, 숨이 막힙니다. 근육이 떨리는데, 팔다리가 부들부들 떨려리는 거 있지요. 머리가 지근지근 쑤셔서 잠시도 안정을 누릴 수 없습니다. 밤잠을 서너 시간밖에 못자고 계속 뒤척입니다. 갑자기 체중도 육 킬로그램이나 줄었어요. 세상에 혼자서만 뭐가 잘못된 것 같아요. 어거지로 식사라도 해보려고 하지만, 밥알이 모래알 씹는 것 같습니다. 자꾸 술 담배만 찾다보니, 집안꼴도 말도 아니고, 몸도 마음도 다 망가지고 있어요. 삶이 이렇게 허망할 수가 있나요? 무슨 잘못이 있어서 짤린 것이라면 몰라도. 아직도 한창 할 일이 많은데. 가족들한테 가장 미안합니다. 가장인 나만 보고 살아

스트레스를 받을 때

온 우리 식구들인데. 나 때문에 눈치보며, 대화도 없고 웃음도 없어져 버린 집안 분위기가 너무 안 됐어요.”

　이것은 요즘의 경제 불황 때문에, 회사에서 실직을 당한 지 육 개월 된 중년 가장이 텔레비전에 나와서 토로한 내용입니다. 그렇습니다. 이 시대는 가히 ‘스트레스의 시대’라 할만 합니다. 하루에도 몇 번씩 우리 입에서는 “스트레스 받는다!”는 말이 쏟아져 나옵니다. 스트레스를 먹고 입고 마시며, 스트레스와 함께 현대 사회의 거리를 방황합니다. 이 ‘스트레스’(stress)라는 말은 물론 영어이지만, 이제는 텔레비전이나 아이스크림처럼 우리말이 되어 버렸지요. 남녀노소 할 것 없이 스트레스를 받습니다. 하는 일이 뜻대로 풀려나가지 않으면, 그것이 스트레스입니다. 출퇴근 시간에 콩나물 시루처럼 지하철에서 시달리는 것도 스트레스이고, 교통 체증으로 차 안에서 마냥 기다리는 것도 스트레스이며, 공부나 시험도 스트레스입니다. 학교에서 과제를 많이 내주어도 스트레스이고, 사랑하는 사람이 결별을 선언해도 스트레스이며, 사업이 안 되어도

목마른 사슴의 노래

또 너무 잘 되어서 눈코 뜰 새 없이 바빠도 스트레스입니다. 실직이나 이혼 못지 않게, 승진이나 결혼도 스트레스가 될 수 있습니다. 흔히 서구에서는 스트레스의 제1요인으로 배우자의 사망을 꼽는데, 우리 나라에서는 자녀에 대한 기대 때문에 자식의 사랑이 스트레스의 제1요인으로 지적되기도 하지요. 아무튼 누구나 인생의 봄 여름 가을 겨울을 사는 동안, 긍정적이든 부정적이든 스트레스를 받게 마련입니다. 하지만, 그것이 누적되면 병을 가져옵니다. 만병의 근원이지요.

스트레스는 긴장과 관련되어 있습니다. 새롭거나 불쾌하거나 위협적인 상황에 처했을 경우 느끼게 되는 것이지요. 스트레스는 위험이나 요구에 따르는 자동적인 신체적 반응입니다. 근육이 뻣뻣해지고, 혈압이 높아지고, 심장 박동이 빨라지고, 아드레날린의 분비가 많아지지요. 이것은 오랜 세월에 걸친 생존 반응입니다. 그 목적은 위험과 싸우는 데—또는 위험으로부터 도망치는 데—필요한 힘을 부여하는 데 있습니다. 누구나 스트레스의 영향을 느

스트레스를 받을 때

끼고 있어요. 스트레스는 생활의 한 요소이지요. 어떤 스트레스는 여러분에게 이로울 수도 있어요. 여러분이 삶의 도전에 좀더 잘 응하도록 고무시켜 주기 때문이죠. 하지만 너무 지나친 스트레스는 여러분의 육체적·정신적 안녕을 해치게 된답니다. 바로 그 때문에 스트레스를 조절해야 되는 것입니다. 스트레스가 여러분을 조절하지 못하도록 말이지요.

여러분은 스트레스 조절법을 배울 수 있습니다! 그러므로, 신경질을 내지 말고 침착하십시오. 화내지 말고 마음을 편히 가지십시오. 들볶지 말고 잘 조절하십시오. 기진 맥진해지지 말고 상쾌하고 새롭게 시작하십시오. 기운을 다 써버리지 말고 생동감 있게 움직이십시오!

목마른 사슴의 노래

인생은 고난을 위하여 났나니

욥 5:7-11

주님,
인생은 고난을 위하여 났나니
불티가 위로 날음 같습니다.

비오니, 제 일을 맡아 주십시오.
주님은 크고 측량할 수 없는 일을 행하시며
기이한 일을 셀 수 없이 행하시나니,
비를 땅에 내리시고 물을 밭에 보내시며,
낮은 이를 높이 드시고
슬퍼하는 이에게 구원을 보장해 주십니다.
이 어찌 감사한 일이 아닌지요.
아멘, 할렐루야!

스트레스를 받을 때

내가 너희를 쉬게 하리라

마 11 : 28-30

주님,

곤하고 지친 이 몸,

주님의 날개 아래 깃들고 싶습니다.

"수고하고 무거운 짐진 이들아, 다 내게로 오라.

내가 너희를 쉬게 하리라.

나는 마음이 온유하고 겸손하니,

나의 멍에를 메고 내게 배우라.

그러면 너희 마음이 쉼을 얻으리니,

이는 내 멍에는 쉽고 내 짐은 가벼움이라."

주님,

곤하고 지친 이 몸,

주님의 품 안에 안기고 싶습니다. 아멘.

낮이 기울어 밤이 되듯이

리볼크스의 앨뢰드

낮이 기울어 밤이 되듯이,

종종 즐거움도 잠깐 지난 뒤,

제 마음은 기울어 우울해집니다.

재미도 없고, 모든 행동이 짐처럼 느껴집니다.

사람들이 웅성대나 듣고 싶지도 않고,

사람들이 노크하나 들리지 않습니다.

제 마음은 부싯돌처럼 단단합니다.

그럴 때면 들로 나가 명상을 하고, 성경을 읽는가 하면,

주님께 드리는 편지에 심층적인 생각을 적어 봅니다.

그러면 갑자기 주님의 은혜가,

광명 속에서 어둠을 깨트리고,

짐을 들어 올리며, 긴장을 누그러뜨립니다. 할렐루야!

●

목마른 사슴의 노래

7일

*

화가 날 때

분노란 무엇일까요? 그것은 우리 모두가 때때로 느끼는 강력하면서도 전적으로 정상적인 감정입니다. 분노는 우리가 다음과 같이 말할 때 느끼는 것이지요.

"당신 태도가 날 진짜 열 받게 하고 있어."
"너 같은 놈 정말 싫다."
"내가 진짜 그랬다고?"
"네가 계속 그런 식으로 나오면, 내 미쳐 버릴 것 같애."
"그럴싸한 네 농간에 내가 이 지경까지 됐다구."

왜 분노에 대하여 아는 것이 중요할까요? 그것은 오늘

우리 사회에서 가장 다루기 서툰 감정이 분노이기 때문이
지요. 그러나 그것이 그런 식으로 다루어져서는 안 됩니
다. 분노를 표현하는 것은 도움이 될 수도 있지요. 우리
는 분노를 통하여 '불끈'함으로써, 우리가 불가능하다고
생각했던 장애물을 극복하고 목표를 성취할 수 있습니다.
분노를 표현하는 것은 해로울 수도 있지요. 우리가 우리
의 분노를 무시하거나 부적합하게 표현할 경우, 우리와
다른 사람들이 그것 때문에 상처를 받을 수 있습니다. 사
람마다 적극적인 방법으로 '분을 가라앉히는' 법을 배울
필요가 있지요. 배워야 할 것이 아주 많아요…

　　왜 분노하게 되나요? 몇 가지 분노의 공통적인 원인이
있지요. 첫째는, 좌절입니다. "진짜 못해 먹겠네. 난 수학
이 싫어, 결코 좋은 점수가 안 나올거야!" 둘째는, 상처
입니다. "나한테 어떻게 그런 말을 할 수 있어? 난 네가
날 사랑하는 줄 알았는데." 셋째는, 짜증나게 하는 일입
니다. "너 이번 주 늦은 게 세 번째야!" 넷째는, 실망입
니다. "소풍 갈려고 다 준비해 놨는데, 비가 올게 뭐람!"

목마른 사슴의 노래

다섯째는, 괴롭힘이지요. "내 뒤에서 좀 떨어져. 도대체
왜 이렇게 찝쩍거리면서 못살게 구는거야." 여섯째는, 위
협입니다. "이봐, 행운을 차지 마. 이런 기회가 또 없다
구."

　분노에 대한 신체 반응은 어떤가요? 분노 때문에 실제
로 '피가 끓어오른다'거나 우리 눈이 격노하여 '충혈된다'
거나 하는 것은 아니지요. 그러나 그것 때문에 몸에 어떤
변화들이 야기되는 건 사실입니다. 일어나는 증상들은 이
런 것이지요. 곧 좀더 많은 당과 아드레날린이 혈관 속으
로 흘러들어 가지요. 심장 고동이 더 빨라지구요. 혈압이
올라가지요. 피의 흐름이 빨라져요. 근육이 긴장되구요.
달리 표현하자면, 몸이 행동에 필요한 에너지를 발생시키
면서, 컨디션이 매우 나빠지지요. 이 에너지가 우리에게
유리하게 작용하거나 불리하게 작용할 수 있는 방법을 배
우십시오.
　분노는 우리의 친구가 될 수도 있고, 적이 될 수도 있
습니다. 그것은 모두 우리가 그것을 어떻게 표현하느냐에

●
화가 날 때

달려 있지요. 분노를 인정하고 적절하게 표현할 수 있는 법을 앎으로써, 우리는 목적 달성, 문제 해결, 급박한 일의 처리, 우리의 건강 보호에 도움을 받을 수 있습니다. 하지만, 분노를 인정하고 이해하는 데 실패하면, 건강 문제, 긴장, 사고, 인간 상호간의 문제에 부닥치게 되지요.

결국, 분노는 건강한 인간의 감정입니다. 여러분이 확실히 해야 할 것은 이런 것입니다. 곧 여러분 자신과 다른 사람들 속에 있는 분노를 인정하는 법을 배우십시오. 여러분이 내는 분노의 실제적인 이유를 이해하십시오. 여러분의 분노를 표현할 수 있는 건강하고 건설적인 방법을 발견하십시오.

목마른 사슴의 노래

사람이 무엇이관대

욥 7:11-21

주님,

제가 입을 다물고 있을 수 없습니다.

분하고 괴로워서,

말을 하지 않고는 견딜 수 없습니다.

제가 바다 괴물이라도 됩니까?

제가 깊은 곳에 사는 괴물이라도 됩니까?

어찌하여 주님께서는 저를 감시하십니까?

잠자리에라도 들면 편해지겠지,

깊이 잠이라도 들면 고통이 덜하겠지

하고 생각합니다만,

주님께서는 악몽으로 저를 놀라게 하시고,

무서운 환상으로 저를 떨게 하십니다.

화가 날 때

차라리 숨이라도 막혀 버리면 좋겠습내다.
뼈만 앙상하게 살아 있기보다는,
차라리 죽는 것이 낫겠습니다.
저는 이제 사는 것이 지겹습니다.
영원히 살 것도 아닌데,
제발, 저를 혼자 있게 내버려 두십시오.
제 나날이 허무할 따름입니다.

주님,
사람이 무엇이라고,
주님께서 저를 대단히 여기십니까?
어찌하여 저에게 마음을 두십니까?
어찌하여 아침마다 저를 찾아오셔서
순간순간 저를 시험하십니까?
언제까지 제게서 눈을 떼지 않으시렵니까?
침 꼴깍 삼키는 동안만이라도,
저를 좀 내버려 두실 수 없습니까?
사람을 살피시는 주님,
제가 죄를 지었다고 하여

목마른 사슴의 노래

주님께서 무슨 해라도 입으십니까?
어찌하여 저를 주의 과녁으로 삼으십니까?
어찌하여 저를 주의 짐으로 생각하십니까?
어찌하여 주님께서는
제 허물을 용서하지 않으시고,
제 죄악을 용서해 주시 않으십니까?
이제 제가 숨져 흙 속에 누우면,
주님께서 아무리 저를 찾으신다 해도,
저는 이미 없는 몸이 아닙니까?
주님, 제발 저를 굽어살펴 주십시오.
예수님의 이름으로 기도드립니다. 아멘.

화가 날 때

주 안에서 항상 기뻐하라

빌 4:4, 6-9

평강의 하나님,
주님 안에서 항상 기뻐하고 또 기뻐합니다.
아무것도 염려하지 않고
오직 모든 일에 기도와 간구로
저의 구할 것을 감사함으로 하나님께 아룁니다.
그리하여 모든 지각에 뛰어난 하나님의 평강이
그리스도 예수 안에서 저의 마음과 생각을
지켜 주시니 감사합니다.

비오니,
무엇에든지 참되며,
무엇에든지 경건하며,

무엇에든지 옳으며,
무엇에든지 정결하며,
무엇에든지 사랑할 만하며,
무엇에든지 칭찬할 만하며,
무슨 덕이 있든지, 무슨 기림이 있든지,
이것들을 생각하게 해주십시오.
성경에서 배우고 받고 듣고 본 바를
행하게 해주십시오.
그리하여 평강의 하나님과
늘 함께 걸어 가게 해주십시오.
예수님의 이름으로 기도드립니다. 아멘.

화가 날 때

왜 이럴까요?

신현복

사랑하는 주님,
제 마음이 왜 이럴까요?
이러면 안 되는데 싶으면서도
도무지 참을 수가 없습니다.
왜 저 사람이 나한테 이러는가
생각하면 할수록 괘씸해집니다.
분통이 터지고 잠도 오지 않습니다.
밥맛도 없고 도무지 일이 손에 잡히지 않습니다.

주님, 저를 굽어살펴 주십시오.
제 마음을 어루만져 주십시오.
저는 할 수 없사오나 주님은 하실 수 있사오니

부디 제가 마음의 평정을 찾게 해주십시오.
저는 분노라는 단어가
되려 나에게 상처를 입혀,
이 감정을 붙잡고 있을수록
고통스러워질 뿐임을 잘 알고 있습니다.

사랑하는 주님,
이제 그를 위해서, 그리고 나아가 저를 위해서
용서라는 단어를 떠올리게 해주십시오.
제가 남을 용서하기 전에
주님이 저를 용서하신 것을 기억하게 해주십시오.
하찮은 것들에 더 이상 맘쓰지 않게 해주십시오.
도우시어, 용서하고 잊어 버리게 해주십시오.
마음이 고요해짐으로
만물이 새로와짐을 느끼게 해주십시오.
주님의 은총을 기다립니다. 아멘.

●
화가 날 때

84
●
목마른 사슴의 노래

8일

*

소외를 느낄 때

인간은 누구나 소외의 고통을 겪게 됩니다. 소외는 인간이 반드시 처하게 되는 하나의 상황으로서, 나이·성·인종·문화·사회 경제적인 수준·역사상의 시기 등, 그 어느 부분에서도 예외가 없이 찾아 오지요. 소외는 인간에게서 참 치료되기 어려운 부분입니다. 인간으로서 우리는 소외의 고통에서 적당히 버텨 나갈 수 있는 정교한 방어 기제와 방법들을 개발하기도 하지만, 소외는 늘 내면에 잠재되어 있으면서 언제든지 그 모습을 드러내며, 우리의 개인적·관계적·영성적 삶의 중심 상태를 잠식할 준비가 되어 있습니다.

현대인의 분노와 절망에는 두 가지 주요한 원인이 있는

데, 그것이 바로 존재의 의미 상실과 외부 세계의 상실이지요. 소외는 존재, 특히 개인 저마다와 타인들과의 관계를 맺어 가고자 애쓰는 인간 실존의 '장애 상태'입니다. 우리에게 가장 심각한 소외는 하나님과 분리되는 것이지요.

　요즈음에는 소외에 대한 시각이 점차 세상과 자연에 대한 인간의 관계 측면까지 강조하는 점을 주목할 필요가 있습니다. 자기 소외와 동시에 일어나는 하나님으로부터의 소외는 자연 세계로부터의 소외와 인간 사회로부터의 소외를 고려함으로써 보완되어야 합니다. 인간 소외의 경험은 언제나 버림받음의 느낌을 동반합니다. 소외를 느낀다는 것은 소중하고 사랑하며 필요하다고 여기는 그 누군가로부터 또는 그 무엇으로부터 분리됨을 느낀다는 것입니다. 그리고 버림받음을 느낀다는 것은 조화롭고 화목하며 친근하게 느꼈던 그 무언가로부터 뿌리뽑혀진 듯한 느낌을 갖는다는 것을 뜻하지요. 이런 깨어짐과 분리됨과 뿌리뽑혀짐 같은 감정은 일종의 버림받음의 결과로서 가장 자주 경험되는 감정입니다. 버림받는다는 것은 고아가

목마른 사슴의 노래

된 느낌, 밖에 내버려진 느낌, 그리고 뒤처진 느낌을 뜻
합니다.

요즘에 왕따니 고문관이니 하는 이야기가 사회적인 문
제로 떠오르고 있습니다. 그런데 우리가 지금 주변에 있
는 이런 소외된 사람들에게 어떤 자세로 다가가고 있습니
까? 그들의 굼뜬 행동과 어눌한 말투를 탓하기 전에, 우
리는 왜 그런 이들을 따뜻하게 받아 주지 못하는 걸까요?
집단에서는 서로가 서로를 위하여 따뜻하게 담아 주는 그
릇이 필요합니다. 그래야 공동체가 살아납니다. 그래야
소외된 사람들이 없이, 모두가 함께 치유를 경험하고 성
장할 수 있지 않겠습니까?

예수님도 바로 그런 소외된 사람들을 위하여 아픈 마음
을 가지신 분입니다. 나그네와 과부와 고아, 몸과 마음이
병들어 신음하는 사람들, 세리와 창녀, 한 떨기 불꽃처럼
힘이 없는 가난한 사람들, 신앙 양심을 지키려는 마음이
깨끗한 사람들, 그들은 모두 당시 소외 계층에 속한 사람
들이었습니다. 예수님은 그 소외된 이들과 함께 우셨고,

소외를 느낄 때

함께 아파하셨습니다.

오늘 우리가 속한 공동체에서 이렇게 우리 시야 밖에 멀찍이 떨어져 있는 이들이 있다면, 예수님의 뜻을 본받아 그들에게 따뜻한 위로와 용기를 건네줌이 옳을 것입니다. 너무 우리끼리만 앞서 달리지 말고, 그들의 느린 걸음도 기다려 줄 수 있는 포근한 여유가 그립습니다. 뒤떨어진 그들의 배낭을 동료들이 기다렸다가 같이 매주는 모습이 눈에 선합니다. 그래서 모두 함께 소외와 절망을 딛고, 생명과 희망을 나눌 수 있었으면 합니다. 여러분이 속한 곳에서부터 이렇듯 한데 어우러짐의 축제가 일어나기를 고대해 봅니다.

목마른 사슴의 노래

속히 나를 도우소서

시 22:1-2, 14-15, 19, 22-24; 102:61-62

나의 하나님, 나의 하나님,
어찌하여 저를 버리십니까?
어찌하여 그리 멀리 계셔서,
살려 달라고 울부짖는 저의 간구를 듣지 아니하십니까?
나의 하나님, 온종일 불러도 대답하지 않으시고,
밤새도록 부르짖어도 모르는 체하십니다.

하나님,
저는 쏟아진 물처럼 퍼져 버렸고,
뼈마디가 모두 어그러졌습니다.
제 마음이 촛물처럼, 창자 속에서 녹아 내렸습니다.
제 기력이 옹기처럼 말라 버렸고,

소외를 느낄 때

제 혀가 입천장에 붙어 있으니,
주 하나님께서 저를 흙 속에서 죽도록
내버려 두셨기 때문입니다.

그러나 나의 주 하나님,
멀리하지 말아 주십시오.
나의 힘이신 주 하나님,
어서 빨리 저를 도와 주십시오.

부르짖는 사람에게는 언제나 응답하여 주시는 하나님,
제가 주 하나님의 이름을
저의 형제자매에게 알리고,
예배 회중 한가운데서, 하나님을 찬양하렵니다.
하나님을 경외하며, 영광을 돌리렵니다.
사랑하는 자녀의 고통을 가볍게
여기지 않으시는 하나님께서
고통 받는 저를 외면하지 않으실 줄 믿습니다.
예수님의 이름으로 기도드립니다. 아멘.

90

세리와 죄인의 친구

마 11:19; 요 3:16-17

하나님,

하나님께서는 세상을 어찌나 사랑하셨던지,

독생자마저 주셨습니다.

하나님께서는 성자를 이 땅에 보내시어,

소외된 이들의 벗이 되게 해주셨습니다.

세상 사람들이 버린 사람들,

아니 믿는다고 하는 이들마저 외면해 버린 사람들,

바로 그런 세리와 죄인의 친구가 되게 해주셨습니다.

그리고 누구든지 그분을 믿으면,

멸망하지 않고 영생을 얻게 해주셨습니다.

하나님,

소외를 느낄 때

하나님께서 이처럼 아들을 세상에 보내신 까닭은 무엇인지요?
세상을 심판하시기 위함입니까?
결코 그렇지 아니하니,
아들을 통하여 세상을 구원하시려는 것임을 믿습니다.
소외된 이들의 친구가 되게 하시어,
그들도 하늘 나라의 기쁜 소식을 전해 듣고
새 삶의 용기와 희망을 발견하게 하시려는 것임을
믿고 또 믿습니다. 아멘.

이방인

홉 오스테루이스(1933-   )

하나님,

저희가 얼마나 많이
하나님은 기도 가운데
부르짖는 이들에게서 멀찍이 계시는,
이방인이 결코 아니시라는 말을 들어 왔는지요!
오 하나님,
그러한 말이 참되다는 것을
저희가 지금 삶 속에서 보고 알게 해주십시오.
저희가 마음 깊은 데서,
하나님의 성자, 예수 그리스도,
저희의 구세주를 인정할 수 있는
믿음과 기쁨을 주십시오.
저희가 수용적이고 개방적인 사람이 되어,
아빠의 손에서 빵을 받아 떼는 아이들처럼
하나님의 나라를 받아들이게 해주십시오.
하나님의 평화 안에서,
이 세상 다하는 날까지
하나님과 함께 편히 살게 해주십시오. 아멘.

소외를 느낄 때

94

목마른 사슴의 노래

9일

*

외로움을 느낄 때

"인간을 가장 견디기 어렵게 하는 것은 무엇일까요? 햇살이 반짝거리는 거리를 걷고 있다가도, 질펀한 삶의 외침들로 떠들썩한 시장 속에서도, 빨간 촛불이 타들어 가는 카페 안에서도, 그리고 때로는 너와 마주 앉은 자리에서도 가슴에 통증을 느끼게 하며 스쳐가는 아픔. 끝없는 광야에 갈기를 접고 긴 목을 빼고 서 있는 말의 형상처럼 그것은 막막한 아픔입니다. 외로움. '너'에게 건네는 언어는 늘 과녁을 떠난 화살처럼 어긋났고, 인간은 늘 외롭습니다. 네가 내 옆에 있음에도 외롭습니다."

외로움은 여러분의 삶과 관계에서 무언가를 놓치고 있

외로움을 느낄 때때

다는 감정이지요. 오인숙의 탁월한 통찰이 말해 주듯이, 우리 모두는 때때로 외로움을 느끼지요. 외로움의 영향을 받는 이들은 젊은이, 결혼 적령기에 있는 이, 그리고 노인, 결혼한 사람, 독신인 사람, 별거 중인 사람, 이혼한 사람, 홀로된 사람, 그 밖의 온갖 윤리적·경제적·교육적 집단 들을 들 수 있습니다. 외로움은 파괴적일 수도 있지요. 어떤 사람들은 외로운 감정에 대하여 알코올이나 다른 약물들을 남용함으로써, 난잡한 성생활을 함으로써, 그리고 기타 자기 파괴적인 행위로써 반응하지요.

낙엽지는 가을, 어느 비 오는 날 오후, 왠지 마음이 쓸쓸해집니다. 지금까지 살아온 인생이 허망하게 느껴지기도 합니다. 무엇 하나 부여잡은 것 없이, 허공에다 손짓만 일삼은 것 같은 이 계절에, 우리 인생은 외로움을 느끼는 겁니다. 마음을 깊이 주고받을 수 있는 사람도 없고 아무도 관심 가져 주는 이 없을 때, 아끼고 사랑하던 대상이 떠나 버렸을 때, 그 외로움은 뼈속까지 파고듭니다. 한 이불 속에 잠을 들면서도 마음이 통하지 않고 이상이

맞지 않고 대화가 통하지 않으면, 부부라도 외롭기는 마찬가지입니다. 젊은이들만 중시하는 사회 풍조 때문에 노인들은 노인들대로 외로워하고, 기성 세대에게서 소외당하는 기분 때문에 젊은이들은 젊은이들대로 외로워 안달입니다. 인간은 온통 외로움을 앓는 존재요, 이 세상은 외로움의 열병(熱病)으로 하늘마저 구멍이 나버렸습니다. 이러한 때 주님은 어디 계시는 걸까요? 누군가 여러분을 위해 기도하는 소리가 들리지 않으십니까?

어떤 젊은이가 무척이나 어려운 시련을 맞이했습니다. 사귀던 연인과 헤어진 뒤, 생활에 적응이 잘 안 되고, 책을 보아도 머리에 안 들어오고, 사람들 사이에서도 관계가 안 좋아지고, 하는 일마다 실수 투성이었습니다. 모두가 자기를 외면하는 것 같고, 스스로도 자신이 맘에 안 들었습니다. 그야말로 자기는 외딴 섬이었습니다. 그러다 어느 날 꿈을 꾸었습니다. 해변가에 두 발자국이 나 있는 모습이었습니다. 그는 당황했습니다. 지난 번 자신이 행복했을 때도 같은 꿈을 꾸었는데, 그 때는 분명 네 발자

외로움을 느낄 때때

국이었고, 스스로 생각에 두 발자국은 내 것이고, 다른 두 발자국은 자신과 동행하시는 하나님의 것이라고 확신 했었지요. 그런데 이번엔 두 발자국뿐이라니, 그는 하나 님이 원망스러웠습니다. '내가 행복할 땐 늘 같이 계시더 니, 내가 좀 힘들다고 하나님마저 날 버리시는가?' 그가 고민과 실의에 빠져 있을 때, 하나님의 음성이 들려 왔습 니다. "아들아, 그 두 개의 발자국은 네 것이 아니다. 그 것은 내 발자국이란다. 네가 하도 힘들어 하길래, 쓰러질 까봐 내가 너를 업고 가는 중이란다. 지금 넌 혼자가 아 니란다!"

목마른 사슴의 노래

시온을 기억하며 울었도다

시 137:1-6

주님,
제가 병상에 누워,
주님의 체온을 기억하며 웁니다.
처연한 외로움, 싸이는 분노,
상처뿐인 자화상,
무엇하나 제대로 된 것이 없습니다.
너무도 아프고 안타깝고 괴롭습니다.
주님을 떠나 헤매던 지난날이 너무도 후회스럽습니다.
저를 굽어살펴 주십시오.

자비하신 주님,
악한 세력들이 저를 짓누르고,

주님을 향해 삿대질 하라 꼬드기지만,
저는 결코 주님을 버리지 않을 것입니다.
병상에서 되찾은 주님의 체온을 늘 기억하며 살렵니다.
다시는 이런 일이 없도록
주님의 말씀을 의지하고 따르겠습니다.
변함없는 주님의 사랑과 용납하심을
날마다 찬양하며 살겠습니다.
이 기쁨의 순간을 평생 놓치지 않겠습니다. 아멘.

엘리 엘리 라마 사박다니

막 15:24-34

십자가에 못 박히신 주님,

죄패에는 '유대인의 왕',
강도 둘과 함께 십자가에 못 박히시니,
지나가는 이들이 자기 머리를 흔들며,
주님을 모욕하였지요.
"아하, 성전을 헐고 사흘만에 짓는 이여,
네가 너를 구원하여 십자가에서 내려 오라."
대제사장들과 서기관들도 희롱하였구요.
"저가 남은 구원하였으되, 자기는 구원할 수 없도다.
이스라엘의 왕 그리스도가 지금 십자가에서 내려와,
우리로 보고 믿게 할지어다."
함께 십자가에 못 박힌 이들마저 주님을 욕하였습니다.

제 육시, 온 땅에 어두움이 임하다.
제 구시, 주님께서 크게 소리지르시다.
"엘리 엘리 라마 사박다니!"

"나의 하나님, 니의 하나님,
어찌하여 나를 버리셨나이까!"
그 한 마디 외침,

외로움을 느낄 때때

그 외침 속에 주님의 외로움이 절절히 배어 나고,
그 외침 속에 제 가슴도 타들어 갑니다.

주님,
어서 오시어, 자비를 베풀어 주십시오.
이 짙은 외로움에 한 가닥 희망으로 함께 해주십시오.
예수님의 이름으로 기도드립니다. 아멘.

외로움

E. B. 푸세이

좋으신 예수님,
아버지 없는 이들의 아버지이시요,

외로운 이들의 하나님이시여,
외로움을 통하여 주님과 함께
홀로 있을 수 있는 법을 가르쳐 주십시오.

좋으신 예수님,
은밀한 마음을 향하여 말씀하시는 이여,
외로움이 제 영혼 안에서
주님의 현존이 되게 해주십시오. 아멘.

외로움을 느낄 때때

104
●
목마른 사슴의 노래

10일

*

우울해질 때

"내 몸의 상처가 곪아터져 악취를 내니, 이 모두가 나의 어리석음 때문입니다. 더 떨어질 때 없이 무너져 내린 이 몸, 온종일 슬픔에 잠겨 있습니다. 허리에 열기가 가득하니, 이 몸에 성한 데라고는 하나도 없습니다. 이 몸이 이토록 쇠약하여 이지러졌기에, 가슴이 미어지도록 신음하며 부르짖습니다."

이것은 구약성서의 시편에 나오는 탄식인데, 가만히 듣고 있노라면, 그 우울의 깊이를 헤아릴 수 있을 법합니다. 상처가 어찌나 오래됐던지 썩어 악취가 날 정도로, 시인은 슬픔의 골짜기를 마냥 헤매고 있는 겁니다. 그 상

우울해질 때끼

처는 육체의 상처를 넘어, 심혼의 자국난 상처임을 미루어 짐작할 수 있습니다.

　우울증은 보는 관점에 따라 다양하게 정의될 수 있습니다. 일반적으로 우울할 때 심신의 상태를 살펴 보면, 육체의 신진 대사와 몸의 상태, 곧 근육이나 침샘의 활동까지도 우울증의 영향을 받습니다. 우울증이 말이나 운동 신경에만 국한된 것은 아니지요. 우울이란 슬프고 실망된 기분입니다. 여기에 불유쾌한 감정, 피곤감, 무력감, 흥미 및 의욕 상실, 정신 활동 및 일반 활동력의 감퇴, 자책감, 허무감, 자포 자기와 갈등이 포함됩니다. 나아가 피해 망상과 비관적 망상, 자살 기도 등이 포함될 수 있습니다. 우울증이란 이러한 증상들 때문에 정상적인 생활을 영위할 수 없는 상태를 말하지요.

　우울증은 인간의 정신, 영의 모든 부분에 영향을 미치는 파괴적인 병입니다. 우울증으로 인한 고통은 다리가 부러졌을 때 경험하는 육체적 고통보다 더욱 쓰라립니다. 하지만 다리가 부러졌을 때와는 달리, 우울증으로 인한

목마른 사슴의 노래

고통은 아주 서서히 나타나지요. 수많은 사람들이 육체의 아픔보다 우울증이 더 고통스럽다는 것을 깨닫지 못한 채, 우울증 때문에 수많은 고통에 시달리고 있습니다. 우울증은 한 마디로 정의내리기 어려운 단어입니다. 사람들은 우울증을 감정의 미묘한 흔들림에서 정신병에 이르는 행동의 스펙스트럼으로 간주합니다. 우울증은 하나의 증상이자 질병이며, 또한 반작용입니다. 그것은 무언가가 잘못되었다고 우리의 주의를 불러일으키는 하나의 경고 장치이지요. 우울증은 생(生)에 대한 반작용, 특히 삶에서 경험하는 많은 상실에 대한 하나의 반작용입니다. 우울증에는 언제나 이유가 있습니다.

우울증의 원인이 되는 두 가지 감정적 요인은 자기 가치의 상실 곧 낮은 자존감과, 다른 사람과의 사귐성의 부족 곧 외로움입니다. 우울증에는 상실감, 절망감 그리고 영적인 슬픔의 삼성이 깃들어 있습니다. 슬픔은 영적인 자아 개념 속에 깊이 박혀있는 상처이지요. 우울증은 응고된 분노입니다.

우울해질 때낄

쿨럭 쿨럭 우울의 기침 소리가 여러분의 영혼을 노크할 때면, 이렇게 하시는 게 좋습니다. 첫째로, 건강 문제를 다루는 사람들에게 가서, 우울증에 관한 종합적인 진단과 대화를 해보고, 필요시 위탁이나 추천도 받으십시오. 둘째로, 이해심이 깊은 친구와 이것저것 대화를 나누십시오. 특별한 문제가 있다면, 관련된 사람들과 가능한 한 충분하게 논의를 하십시오. 셋째로, 여러분 자신에 대하여 너무 많은 것을 기대하지 마십시오. 어려운 목표를 설정하는 것이나 너무 많은 책임을 떠맡는 것을 피하십시오. 넷째로, 가장 좋아하는 활동이나, 저녁 외출이나, 여행이나, 방문 등을 통하여 휴식을 취하십시오. 다섯째로, 여러분을 옥죄어 오는 업무의 긴장을 풀고, 쉼을 누리며, 잠도 더 잘자기 위하여 몇 가지 운동을 하십시오. 운동 프로그램을 시작하기 전에, 건강 전문가에게 상의합시오. 마지막으로, 그 밖의 스트레스나 급박한 변화를 피하십시오. 그런 것들이 너무 많은 긴장을 만들어 내지요.

목마른 사슴의 노래

수척해진 내 모습

시 6:2-4, 6-9

치유하시는 하나님,

수척해진 저의 모습을 보고 계신지요.

긍휼히 여겨 주십시오.

저의 뼈가 떨리오니, 저를 고쳐 주십시오.

저의 영혼도 심히 떨립니다.

제가 탄식함으로 곤핍하여,

밤마다 눈물로 제 침상을 띄우며,

제 요를 적십니다.

제 눈이 근심으로 인히어 쇠하며,

제 모든 대적으로 인하여 어두워졌습니다.

하나님, 어느 때까지니이까?

속히 돌아오시어,
저의 영혼을 건지시며,
주님의 인자하심으로 저를 구원해 주십시오.

행악하는 너희는 다 나를 떠나라,
하나님께서 내 곡성을 들으셨느니라!
하나님께서 내 간구를 들으셨음이여,
하나님께서 내 기도를 받으시리로다. 아멘.

내가 약할 그 때에

고후 12 : 9-10

주님,

주님께서는 이렇게 말씀하셨지요.
"내 은혜가 네게 족하다.
내 능력은 약한 데에서 완전하게 된다."
그러므로, 주님,
주님의 능력이 제게 머무르게 하려고,
저는 더욱더 기쁜 마음으로
제 약점들을 자랑하려고 합니다.
저는 주님을 위하여
병약함과 모욕과 궁핍과
박해와 곤란을 겪는 것을 기뻐합니다.
그것은 제가 약할 그 때에,
오히려 제가 강하기 때문입니다. 아멘.

우울해질 때낄

우울의 폭풍

나치안추스의 그레고리(329-389)

오 주님,
삶의 술결이 소진되어 버린 것 같습니다.
몸은 천근 만근, 마음은 근심 걱정,
살맛도 없고, 기력도 없습니다.
두려움도 가라앉힐 수가 없고,
팔다리도 마비된 것 같습니다.
암울한 생각만이 머릿속을 헤집고 다니며,
그것들을 물리칠 힘마저 떨어져 버렸습니다.

귀리 나무가 바람에 일격을 당했다 한들,
지금 우울의 폭풍이 제 영혼을 강타한 것과 같겠습니까?
배가 파도에 세차게 흔들거렸다 한들,

지금 제 영혼이 비참함으로 요동치는 것과 같겠습니까?
집의 기초가 무너졌다 한들,
지금 제 자신의 삶이
잿가루처럼 바스라지는 것과 같겠습니까?

친구들의 발길이 뚝 끊어진지 오래입니다.
주님께서는 제 영적 형제들마저 멀리 흩뜨러 버리셨습니다.
지금 저는 주님의 교회로부터 버림받은 몸입니다.
더 이상 꽃들은 절 위해 피지 않습니다.
더 이상 나무들은 절 위해 낙엽지지 않습니다.
더 이상 새들은 제 창문에서 노래하지 않습니다.

동료 그리스도인들은 저를 어리석은 죄인이라 경멸합니다.
주님, 제 영혼을 드높여 주시고,
제 몸을 소생시켜 주십시오. 아멘.

우울해질 때껄

목마른 사슴의 노래

11일

*

자살 충동을 느낄 때

"사람이 산다는 것 자체가 무의미한 것 같다. 누군가 말했지. 이렇게 사람은 사람들 속에서 살고 있지만 고독한 거라고……. 그래, 난 고독한 건지도 몰라. 하지만 난 지금 그 차원을 넘어서서 죽고 싶어. 나 자신이 이 세상에 살 가치가 없다고 판단되었을 때, 이렇게 비참해지는 것일까? 마음에 큰 상처를 입었으면서도, 다시 여느 때처럼 내색 않고 행동해야만 한다는 것…….

모든 걸 포기하고 싶다. 아니 내팽개쳐 버리고 싶어. 모든 사람에게 해가 된다면 죽어줄 수밖에. 비록 그 사람이 나보다 못하고 미워하는 사람일지라도……. 육체적 고통은 참을 수 있지만, 정신적으로 침해받는 건 견딜 수

자살 충동을 느낄 때입

없어. 지난 토요일, 난 진짜 죽고 싶었어. 온 세상이 나에게서 떠나 버린 것 같았어."

자살이란 무엇일까요? 그것은 자기 자신의 삶을 고의로 끝내는 것입니다. 자살의 문제에는 이런 것들이 포함되지요. 심각한 자살 생각이나 조짐, 자살 시도. 오늘 우리나라에는, 해마다 7,500명 정도가 하루에 20명씩 자살로 사망하고 있지요. 더 많은 자살이 일어나는데, 우연한 죽음으로 보도되는 경우가 허다합니다. 자살은 젊은 사람들(14-24세)의 주요 사망 원인이지요. 자살은 젊은이들의 심각한 문제이나, 많은 경우 막을 수 있지요.

왜 내가 자살에 관해서 알아야 할까요? 그것은 누군가가 자살을 고려하고 있는 사람을 멈추게 할 수 있는 자리에 있을 수도 있기 때문입니다. 만약 여러분이 자살을 고려하고 있다면, 이것은 여러분 자신에게도 해당되지요. 대부분의 자살이나 자살 시도는 외로움, 무가치함, 무력함, 우울함 등을 심하게 느끼고 있다는 반응입니다. 자살

할 조짐을 보이거나 시도하는 사람들은 남에게 알리거나
도움을 구하려고 종종 이런 감정들을 표출하려고 하지요.
이러한 감정을 표출하는 사람들에게 유용한 도움을 베풂
으로써, 많은 자살 시도를 막을 수 있습니다.

자살 시도는 도움을 바라는 부르짖음입니다. 그것은 압
도해 오는 고통스런 문제들을 끝내고 싶은 절망적인 노력
이지요. 그러므로 자살 경고 신호들을 이해하시고, 위기
에 대처할 준비를 하십시오. 자살에 관하여 알고 있으면,
너무 늦기 전에 그런 부르짖음에 대처할 수 있게 될 것입
니다. 좀더 배워볼까요?
왜 사람들은 자살을 하는 걸까요? 그것은 모든 문제가
압도해 오고 있다고 보기 때문입니다. 예를 들면, 사람들
은 이런 때 자살을 할 수 있지요. 눈에 보이는 해결책이
나 변화가 전혀 없을 때, 문제를 처리해 보려던 시도가
실패하거나 뜻밖의 결과로 끝날 때, 많은 사람들은 자살
할 특별한 위기 상황이나 의식적인 결정 없이도 죽음을
초래하게 됩니다. 무모하게 운전하거나, 약이나 술을 몹

자살 충동을 느낄 때입

시 남용하거나, 또는 심각한 병을 무시하는 이들은 의식
적으로 자살을 저지르는 이들과 똑같은 정신적 고통을 당
하기 때문에 종종 그런 결과를 가져오곤 하지요.

　　대부분의 경우에 자살은 막을 수 있습니다. 자살에 관
한 진상들을 알아 보고, 그 경고 신호들을 깨달으십시오.
곤경에 처한 이들에게 친구가 되어 주고, 그들이 전문적
인 도움을 발견할 수 있도록 도와 주십시오. 자원해서 자
살 방지를 위한 일에 참여하거나 협조하십시오. 여러분의
관심이 생명을 구원하는 일을 도울 수 있습니다!

목마른 사슴의 노래

내가 환난 중에 있사오니

시 69:1-3, 13-14, 15-17;103:1-5

하나님,

저를 구원하여 주십시오.

물이 목까지 찼습니다.

발 붙일 곳이 없는 깊고 깊은 수렁에 빠졌습니다.

물 속 깊은 곳으로 빠져들어 갔으므로,

큰 물결이 저를 덮습니다.

목이 쉬도록 부르짖다가, 이 몸은 지쳤습니다.

눈이 빠지도록, 저는 하나님을 기다렸습니다.

하나님,

오직 하나님께만 기도하오니,

하나님, 하나님께서 저를 반기시는 그 때에,

119

●

자살 충동을 느낄 때입

하나님의 한결같은 그 사랑으로
저에게 응답하여 주십시오.
하나님의 미쁘심으로
저를 이 수렁에서 끌어내어 주십시오.
저를 미워하는 이들에게서 지켜 주시고,
이 깊은 물에서 저를 건져 주십시오.
큰 물결이 저를 덮어서
깊은 물 속에 빠지지 않게 해주시고,
큰 구덩이가 입을 벌려
저를 삼키지 못하게 해주십시오.

하나님,
하나님의 사랑은 한결같으시니,
저에게 응답하여 주십시오.
하나님께는 긍휼이 풍성하오니,
저에게로 얼굴을 돌려 주십시오.
치유하시는 하나님의 얼굴을 가리지 말아 주십시오.
지금 이 순간이 저에게는 너무나 큰 고통이오니,
어서 저에게 응답하여 주십시오.

목마른 사슴의 노래

예수님의 이름으로 기도드립니다. 아멘.

모든 것이 합력하여

롬 8:26-28;8:31-39;12:1-2

전능하신 하나님,
성령을 저에게 보내 주시어,
저의 약함을 도와 주시니 감사합니다.
저는 어떻게 기도해야 할 것도 알지 못하지만,
성령께서 친히 이루 다 말할 수 없는 탄식으로,
저를 대신하여 간구하여 주시니 감사합니다.

사람의 마음을 꿰뚫어 보시는 하나님,

자살 충동을 느낄 때입

하나님께서는 성령의 생각이 어떠한지를 아시지요?
성령께서, 하나님의 뜻을 따라,
성도를 대신하여 간구하심을 아시지요?
저는 하나님을 사랑하는 사람들,
곧 하나님의 뜻대로 부르심을 받은 사람들에게는,
모든 일이 서로 협력해서
선을 이룬다는 것을 믿습니다. 아멘.

고단한 삶

신현복

하나님,
지금 고통 중에서

하나님의 손길을 바라는 이가 있습니다.
긍휼을 베푸시어
그의 생각과 눈물과 아픔을 헤아려 주십시오.
삶의 고단함과 의미 없음을 치료해 주십시오.
살아 있다는 생생한 느낌으로
순간에 최선을 다하는 당당한 모습을 심어 주십시오.
모든 사람이 인정하고 존경하는
아름다운 성품을 베풀어 주십시오.
삶의 용기를 지니고
오히려 약한 이웃을 섬기게 해주십시오.
길이요 진리요 생명이신
예수님의 이름으로 기도드립니다. 아멘.

자살 충동을 느낄 때입

124

●

목마른 사슴의 노래

12일

*

슬플 때

　슬픔이란 우리 삶의 심오한 변화나 상실에 대한 자연스럽고도 필연적인 반응이지요. 슬픔은 아래와 같은 상황들에 대한 건전하고도 인간적인 반응입니다. 곧 가족이나 친구의 죽음, 별거나 이혼, 유산, 상처나 장애, 직장이나 재산이나 애완 동물을 잃음, 자녀가 집을 떠남, 새로운 곳으로 이사함, 자녀에 대한 실망, 꿈을 포기함. 우리가 경험할 수 있는 가장 큰 상실은 바로 사랑하는 사람이 죽었을 때입니다. 그러나 그런 때일지라도, 완전히 슬픔에 잠기는 것이야말로 우리의 상실을 인정할 수 있게 도와주는 최선의 방법입니다. 슬픔이 고통스러운 경험이라는 사실은 그 누구도 부인할 수 없지요. 하지만 그 고통은

슬플 때동

곧 가라앉을 것이라는 믿음이 무척 중요합니다.

왜 슬픔을 이해하는 것이 중요한 일일까요? 그것은 누구나 일생 동안 변화를 경험하게 되기 때문이지요. 슬픔을 이해하는 것은 상실이라는 여러분의 현실을 직시하고 두려움·외로움·절망, 그리고 무력감을 이겨내게 도와 줍니다. 경험을 통한 회복과 성장, 자신의 슬픔을 인정하는 방법을 익히고 나면, 여러분은 더욱더 강한 사람이 될 수 있으며 행복한 삶, 충만한 삶을 누릴 수 있답니다. 슬픔에 잠긴 사람들은 몇 가지 감정들을 공유하게 됩니다. 감정적인 상처를 치유하는 데 걸리는 시간은 저마다 다릅니다.

하지만, 슬픔에 빠진 사람들은 공통적으로 다음과 같은 감정들을 겪게 되지요. 충격과 부인. "이건 현실이 아니야." 여러분의 첫 반응은 상실에 대한 부인일 수 있습니다. 또한 여러분은 충격을 입을 수도 있지요. 그것은 일종의 감정적인 '마비 현상'입니다. 이런 것들은 지극히 정상적인 반응입니다. 사실 이러한 감정들은 곧 지나가 버릴 것이고, 여러분은 상실이라는 현실을 직시하게 될 것

목마른 사슴의 노래

입니다. 분노. "왜 하필 이런 일이 생긴단 말이야?" 뭔가
소중한 것을 상실한다는 것은 상처가 될 수 있으며, 부당
한 처사라고 여겨질 수도 있습니다. 여러분은 그 상실을
막지 못한 것에 대하여 자신과 타인에게 분개와 분노를
느낄 수 있습니다. 다소 시간이 걸리겠지만, 그래도 여러
분은 그 분노를 이겨낼 수 있습니다. 죄책감. "내가 곧바
로 뭔가 조치를 취하기만 했더라도……" 여러분은 상실
직전에 자신이 뭔가를 했다거나 하지 못했다는 것 때문에
스스로를 비난할 수도 있습니다. 하지만 여러분은 인간이
라는 사실을 잊지 마십시오. 또 여러분이 어쩔 수 없는
사건들도 존재한다는 점을 꼭 기억하십시오.

절망. "무슨 소용이야? 어차피 예전 같을 수는 없는
걸." 잠시동안 여러분은 육체적으로나 정신적으로 쇠진한
것처럼 느낄 수 있으며, 일상적인 일들은 전혀 해낼 수
없다거나 또는 전혀 할 필요가 없다고 여길 수도 있습니
다. 하지만 사실 여러분은 다시금 삶에 연루되도록 발걸
음을 내딛게 될 것입니다. 어쩌면 처음에는 극히 작은 발

슬플 때동

걸음일 수도 있지요. 외로움. "나 혼자서 해낼 수는 없어." 책임 증가와 사회적 삶의 변화는 여러분에게 외로움과 두려움을 안겨 줄 수도 있습니다. 그렇지만 새로운 도전에 부딪치고 새로운 우정을 발전시켜 나가면서 여러분은 이런 감정들을 극복하는 방법을 터득하게 될 것입니다.

희망. "그래, 우리에겐 즐거운 순간들이 많았지. 하지만 앞으로도 좋은 일들이 더 많이 생길거야." 여러분은 마침내 자신의 상실을 인정할 수 있는 단계에 이르게 될 것입니다. 여러분은 과거를 좀 덜 고통스럽게 기억할 수 있을 것이며, 희망으로 가득 찬 미래에 초점을 맞추게 될 것입니다. 여러분은 곧 회복될 것입니다. 아무리 힘든 삶이 닥쳐오더라도, 늘 헤쳐 나갈 수 있다고 믿으십시오!

목마른 사슴의 노래

주 하나님의 신이 내게 임하셨으니

사 61 : 1-4

주 하나님,

성령 안에서,

성자 예수 그리스도를 이 땅에 보내시어,

가난한 사람들에게 기쁜 소식을 전하고,

상한 마음을 싸매어 주고,

포로에게 자유를 선포하고,

갇힌 사람에게 석방을 선언하고,

하나님의 은혜의 혜와 심판의 날을 선언하고,

슬퍼하는 이들을 위로하게 하시니 감사합니다.

이 시간 슬퍼하는 저에게도

재 대신에 화관을 씌워 주시며,

슬픔 대신에 기쁨을 발라 주시며,
괴로운 마음 대신에 찬송이 가득 차게 해주십시오.
그래서 공의의 나무,
하나님께서 스스로 영광을 나타내시려고
손수 심으신 나무가 되게 해주십시오.

제 영혼의 성(城)을 굽어살피시사,
오래전에 황폐해진 곳을 쌓으며,
오랫동안 무너져 있는 곳도 세우게 해주십시오.
대대로 무너진 채 버려져 있던 곳을
다시 세우게 해주십시오. 아멘.

목마른 사슴의 노래

저가 병들어 죽게 되었으나

빌 2:25-30

주님,
제가 앓았다는 소식을 교우들이 들었으므로,
몹시 걱정하고 있습니다.
사실 저는 병이 나서 죽을 뻔 하였습니다.
그러나 하나님께서 저를 불쌍히 여기셔서,
교우들의 근심이 겹치지 않게 하셨습니다.

주님, 자비를 베푸시어,
제가 속히 이 병상에서 일어나,
교우들에게 다가가게 해주십시오.
그래서 교우들과 기쁜 마음으로 다시 만나,
더욱더 생명을 바쳐 주님을 섬기게 해주십시오. 아멘.

슬플 때동

친구의 중병

니콜라스 페라(1593-1637)

오 지극히 위대하신 하나님,
자비하신 성부이시여,
저희가 가장 겸손한 마음으로 간청합니다.
하나님께서 기뻐하시는 일이라면,
지금 병상에 누워 있는 하나님의 종,
곧 우리의 형제와 우정을 계속 나눌 수 있도록 해주십시오.
저희 믿음의 깊이를 보시어
그가 우리 곁에 좀더 머무르게 해주십시오.
저희가 그를 잃고, 구원의 기회마저 놓치는 것은,
실로, 저희의 배은망덕 때문입니다.
저희는 이렇게 탄원할 자격마저 없지만,
하나님의 자비하심이 모든 것 위에 있습니다.

비오니, 저희의 간절하고 겸허한 열심을 헤아리시어,

하나님의 영광을 가리는 일이 아니라면,

저희의 기도를 들으시고,

그를 죽음의 문턱에서 되돌려 주십시오.

그가 변을 당하지 않고 살아서,

하나님께는 영광이요 저희에게는 위로가 되게 해주십시오.

주님, 저희가 이 땅에서 고통스러워 하지 않고,

슬퍼하지 않도록 그것들을 저희에게서 물리쳐 주십시오.

하나님께서 그에게 커다란 도움을 베푸시고,

저희 가운데 가장 좋은 것을 허락하셨습니다.

어찌 저희가 그를 상실할 리가 있겠습니까?

하나님의 기쁨을 빼앗을 자 과연 누구이겠습니까?

비오니, 그런 일이 절대 없도록 해주십시오.

비오니, 하나님께서 기뻐하실 수만 있다면,

저희의 사랑하는 형제를 저희에게 다시 돌려 주시고,

그에게 건강을 다시 돌려 주십시오. 아멘.

슬플 때동

134

●

목마른 사슴의 노래

13일

*

죄책감에 시달릴 때

초등학교 시절, 놀려 대는 친구와 운동장에서 싸움이 붙었는데, 멱살이 잡힌 그 친구가 숨을 헐떡거리며 기절을 해버리는 게 아니겠어요. 혹시 죽지나 않았나 겁이 나기도 했지만 그것은 그 순간뿐이었지요. 더 괴로운 것은 성한 아이도 아니고 소아마비인 그 친구를 때려 눕혔다는 죄책감이었습니다. 불현듯 그 생각만 나면 지금도 그 친구에게 미안한 마음이 듭니다. 또 한 번은 번번이 내 일등 자리를 가로막고 있는 친구를 이겨 보려고, 그 친구가 제출한 방학 숙제에다 연필로 낙서를 해버린 일이 있었지요. 밝혀지지는 않았지만, 그 어린 시절의 기억이 지금까지도 죄책감을 가져다 주는 거예요. 그 친구에게 꼭 미안

하다는 말을 해야겠다고 이십 년도 훨씬 넘은 최근에 그
를 수소문해서 가까스로 찾았는데, 그 친구는 무슨 소리
인지 전혀 감을 못 잡더라구요. '별 싱거운 녀석 다 있
군!' 하는 모습이었지요. 죄책감에 시달린다는 게 이렇게
무서운 것이었어요. 그 친구는 몰랐어도, 저는 여태껏 못
내 죄책감으로 괴로와했으니 참 우습지요. 못난 내 자신
이 부끄러워집니다.

　죄책감을 느껴 보지 않은 사람도 있을까요? 현재 여러
분이 처해 있는 인간적 고통의 하나인 죄책감은 모든 이
가 한 번쯤 겪어 보았고, 또 지금 이 순간에도 수많은 이
들이 이런 어려움에 힘겨워 하고 있을 것입니다. 그러면
도대체 이 죄책감이란 무엇일까요? 여러분이 느끼는 죄
책감은 다양할 것입니다. 여러분의 행위가 처음 의도와는
전혀 상관없이 결과적으로 자신에게 죄책감을 느끼게 하
는 경우가 있습니다. 여러분의 철저한 계획 아래 고의적
으로 행한 일에 대하여 다가오는 후회와 죄책감도 있습니
다. 또 여러분의 지나친 상상력에 따라 발전된 자책감이

목마른 사슴의 노래

나 죄의식도 여기에 속하지요. '난 정말이지 나쁜 놈이야. 천성적으로 난 사악한 악마적 기질을 타고 났어!……난 지금 죄값을 치르고 있는 거야! 나 같은 걸 가만히 놔두 겠어?'

죄책감이 우리의 정신과 육체에 끼치는 영향은 매우 파 괴적입니다. 인간은 죄책감의 노예가 되어, 걱정 근심과 두려움과 열등감에 휩싸인 채, 파멸의 길을 걸어갑니다. 또한 죄책감은 자신을 해치는 자해적인 면과 함께 타인을 위협하는 파괴적인 요소도 지니고 있지요. 자기 잘못을 다른 사람의 탓으로 돌리면서 자기 합리화를 꾀합니다. 또 어떤 이들은 자신이 죄책감을 느끼지 않는다는 그 자 체를 죄스러워하는 심정으로 또 다른 죄과를 만들어 냅니 다. 악순환인 것이지요.

죄책감은 신실한 믿음을 가로막아 불신을 갖게 하는 주 요인이 되기도 합니다. 죄책감에 눌려 있는 이는 도저히 자신을 용서할 수 없는 극한 자책감에 시달리게 되고, 그 누구도 자신을 용서하지 않을 것이라고 지레 단정해 버리

죄책감에 시달릴 때때

지요. 이처럼 죄책감은 여러분 마음 속에 자리할 믿음의 공간을 불신으로 가득 채워서, 여러분을 자기 모멸과 고통의 어둠 속으로 몰아넣습니다.

"우리가 우리의 죄를 자백하면, 하나님은 미더우시고 의로우셔서, 우리의 죄를 용서해 주시고, 모든 불의에서 우리를 깨끗하게 해주실 것입니다"(요한1서 1장 9절).

목마른 사슴의 노래

내 안에 정직한 영을 새롭게 하소서

시 51 : 1-12, 15-17

마음 속의 성실과 진실을 기뻐하시는 주님,
제 마음을 주님의 지혜로 가득 채워 주십시오.
우슬초로 제 죄를 정결케 해주십시오.
제가 깨끗하게 될 것입니다.
저를 씻어 주십시오.
제가 눈보다 더 희게 될 것입니다.
기쁨과 즐거움의 소리를 들려 주십시오.
비록 주님께서 저의 뼈를 꺾으셨어도,
제가 다시 기뻐하며 외치겠습니다.
주님의 눈을 제 죄에서 돌리시고,
제 모든 죄악을 없애 주십시오.

죄책감에 시달릴 때때

아, 하나님,
제 속에 깨끗한 마음을 새로 지어 주시고,
제 안에 정직한 새 영을 넣어 주십시오.

주님, 제 입을 열어 주십시오.
주님을 찬양하는 노래를 제 입으로 전파하렵니다.
주님은 제물을 반기지 않으시며,
제가 번제를 드려도 기뻐하지 않으십니다.
하나님께서 원하시는 제물은
깨어진 마음임을 확신합니다.
깨어지고 짓밟힌 심령을,
하나님께서는 멸하지 않으실 것입니다. 아멘.

의인의 간구

약 5:13-16

주님,

저희 가운데 고난 당하는 이가 있습니까?

기도하게 해주십시오.

즐거워하는 이가 있습니까?

찬송하게 해주십시오.

저희 가운데 병들어 누운 이가 있습니까?

교회를 섬기는 이들을 청하여,

기도를 받게 해주십시오.

주님의 이름으로 치유의 기름을 바르게 해주십시오.

믿음의 기도는 병든 이를 구원하리니,

주님께서 저를 일으키실 것입니다.

혹시 죄를 범하였을찌라도 용서를 받을 것입니다.

죄책감에 시달릴 때때

그러므로 저희 죄를 서로 고하며,
병 낫기를 위하여 서로 기도하게 해주십시오.
의인의 간구는 역사하는 힘이 많음을 믿으며,
예수님의 이름으로 기도드립니다. 아멘.

우주의 운행 법칙

딤마(7세기)

오 주님, 거룩한 성부이시요,
우주를 창조하시고, 그 운행 법칙을 만드신 이여,
주님께서는 죽은 이를 살리실 수도 있고,
아픈 이를 치유하실 수도 있습니다.
아픈 형제와 자매를 위하여 기도하오니,

아픈 곳마다 안수하시는
주님의 손길을 그들이 느끼게 하시고,
몸도 영혼도 새로워질 수 있도록 해주십시오.
주님께서 주님의 피조물을 붙드시는
그 사랑을 그들에게도 보여 주십시오.
특별히 죄책감의 그늘에서
신음하는 저희에게 다가오시어,
저희의 고백을 들으시고 용서하시며,
앞으로는 밝고 건강한 삶을 허락하여 주십시오. 아멘.

●
죄책감에 시달릴 때때

목마른 사슴의 노래

14일

*

내 모습이 초라해 보일 때

인간의 위기 가운데 하나는, 많은 이가 자신에 대하여 부정적인 이미지를 갖고 있다는 점이지요. 부정적인 자아상 때문에, 갖가지 상처와 아픔의 질곡을 헤매는 겁니다. 그러면 부정적인 자아상이란 무엇일까요? 그것은 자기 자신을 온전히 신뢰하지 못하는 것을 말합니다. 그러면 또 자신을 신뢰한다는 것은 무엇일까요? 여러분 자신을 신뢰한다는 것은 그리스도교 생활의 핵심적인 요소입니다. 여러분이 여러분 자신에 대하여—여러분의 자아상에 대하여—어떻게 느끼는가 하는 것은, 여러분의 신앙과 여러분의 행동에 영향을 끼치지요. 우리는 하나님의 자녀들입니다. 우리는 세상을 향한 하나님의 계획의 일부이며, 하나님의 형상대로 지음받은 이들입니다. 우리가 우리 자신을 신뢰할 수 있을 때, 우리는 하나님의 완전한 계획을 신뢰할 수 있습니다.

여러분의 자아상은 여러분의 생활 방식에도 영향을 미칩니다. 여러분 자신을 어떻게 여기는가가 여러분이 하나님이나 타인들과의 관계에서 좀더 가까이—또는 좀더 멀리—자리하게 만듭니다. 부정적인 자아상을 갖고 있으면, 다음과 같은 느낌들을 갖게 되지요: 무능함·사랑받지 못함·타인들과 공유할수 없음·비생산적임·긴장과 불안·하나님으로부터 분리됨. 긍정적인 자아상을 갖고 있으면, 여러분은 이런 느낌들을 갖게 됩니다 : 유능함·사랑받을 수 있음·타인과 공유할 수 있음·생산적임·자신에 참·하나님과 가까이 있음.

긍정적인 자아상을 갖고 있으면, 많은 보상이 따릅니다. 다음과 같은 도움을 얻을 수 있어요. 열린 마음으로 하나님을 찾게 되지요. 여러분 자신에 대해서 좋게 느낄

목마른 사슴의 노래

경우에는, 여러분의 삶을 하나님의 뜻대로 꾸려나가기가 훨씬 쉽답니다. 도전을 받아들이게 되지요. 여러분의 기술을 시험해 보고, 새로운 일들을 시도해 봄으로써 여러분의 능력을 개선할 수 있어요. 긍정적인 자아상은 개인적인 성장을 가져오는 위험들 속으로 여러분을 인도하지요. 여러분의 잠재력을 실현하게 됩니다. 하나님께서 주신 은사를 최대 한도로 사용할 때, 여러분의 삶은 좀더 풍요롭게 충만해질 겁니다. 요점은 이러합니다. "적게 심는 사람은 적게 거두고, 많이 심는 사람은 많이 거둡니다"(고린도후서 9장 6절).

그리고 긍정적인 자아상을 갖고 있으면, 자신감도 키우게 된답니다. 여러분은 여러분의 목표를 더 잘 성취할 수 있을 거예요—바로 여러분의 자존감을 훨씬 더 높인다는 목표를 말이죠! 융통성과 적극성도 간직하게 됩니다. 변화를 받아들인다는 것—또는 일으킨다는 것—이 언제나 쉬운 일은 아니지요. 하지만 건전한 자아상은 여러분이 '유연한 태도로 충격을 완화하고' 새로운 생각에 마음을

내 모습이 초라해 보일 때

열어둘 수 있도록 도와 준답니다. 인간 관계를 개선하게
되지요. 여러분이 자신을 가장 좋게 평가할 경우, 여러분
은 다른 사람들 역시 가장 좋게 평가하게 된답니다. 여러
분은 자신을 신뢰하듯이 다른 사람들도 신뢰할 수 있게
될 것입니다. 여러분은 다른 사람들을 좀더 존중하고, 좀
더 많은 관심을 그들에게 기울일 수 있게 될 것입니다.

어둔 길 헤매는 걸음이 힘에 겨워 허덕일 때에
따스함 솟는 말 한 마디 우리에게 있을까

목마른 사슴의 노래

그는 실로 우리의 질고를 지고

사 52:13-53:12

치유하시는 하나님,
이 종을 형통케 하시어, 지극히 존귀하게 해주십시오.
전에는 제 얼굴이 남들보다 더 안되어 보였고,
그 모습이 다른 사람들보다 더욱 상해서,
저를 보는 사람들마다 모두 놀랐습니다.

저는 주님 앞에서, 마치 연한 순과 같이,
마른 땅에서 나온 싹과 같이 자라서,
고운 모양도 없고, 훌륭한 풍채도 없으니,
사람들이 보기에 흠모할 만한
아름다운 모습이 없었습니다.
저는 사람들에게 멸시를 받고,

내 모습이 초라해 보일 때

버림을 받고, 고통을 많이 겪었습니다.
저는 언제나 병을 많이 앓고 있었습니다.

하나님, 이러한 때 저는 하나님께서 보내신 성자,
예수 그리스도를 바라봅니다.
그분은 실로 우리가 받아야 할 고통을 대신 받고,
우리가 겪어야 할 슬픔을 대신 겪으셨지요.
그러나 사람들은,
그분이 징벌을 받아서 하나님께 맞으며,
고난을 받는다고 생각하였습니다.

치유하시는 하나님,
그분이 찔린 것은 저의 허물 때문이고,
그분이 상처를 받은 것은 저의 약함 때문입니다.
그분이 징계를 받음으로써 제가 평화를 누리고,
그분이 매를 맞음으로써 저의 병이 나을 것입니다.
그분은 저의 죄를 대신 짊어지셨고,
죄 지은 저를 살리시려고 중재에 나선 것입니다.
그 은혜가 참으로 큽니다. 할렐루야!

목마른 사슴의 노래

너희는 그리스도의 몸이요

고전 12:24-27

창조주 하나님,
저에게 아름다운 지체를 주시니 감사합니다.
하나님께서는 몸을 골고루 짜 맞추셔서
부족한 지체에게 더욱 존귀함을 주셨습니다.
그래서 몸에 분열이 생기지 않게 하시고,
지체들이 서로 같이 걱정하게 하셨습니다.
한 지체가 고통을 당하면
모든 지체가 같이 고통을 당합니다.
한 지체가 영광을 받으면
모든 지체가 함께 기뻐합니다.
그러므로 저희는 그리스도의 몸이요,
한 사람 한 사람은 그 지체입니다. 아멘.

내 모습이 초라해 보일 때

의로운 영혼

제레미 테일러(1613-67)

주님,

제가 부유하여 자신을 잊지 않게 해주십시오.

제가 가난하여 주님을 잊지 않게 해주십시오.

희망이나 두려움, 즐거움이나 고통,

밖에서 일어나는 일이나 제 안의 연약함 때문에,

내내 의무 행하기를 게을리하지 않게 하시며,

주님 주신 계명의 길을 벗어나지 않게 해주십시오.

오, 주님의 영이 영원히 제 안에 거하시어,

제 영혼이 의롭고 자비로워지며,

정직과 경건으로 충만하게 해주십시오.

확고하고 한결같은 거룩한 뜻을 품게 하시고,

악에게 굴하지 않게 해주십시오.

목마른 사슴의 노래

겸손하고 순종하며, 평화롭고 경건하게 해주십시오.
이웃의 행복을 질투하지 않게 해주십시오.
이웃의 멸시를 받지 않게 하시며,
멸시를 받을 때라도
온유와 사랑으로 감당하게 해주십시오. 아멘.

내 모습이 초라해 보일 때

154

목마른 사슴의 노래

15일

*

열등감을 느낄 때

인간은 누구나 열등감을 지니고 있으며, 그것은 온갖 인간적 노력의 바탕으로서 인간 행위에 지대한 영향을 끼치지요. 스스로 인간이고자 할 때 생기는 감정, 인간이라면 누구나 가지고 있는 요소가 열등감이라는 것입니다. 그것은 자신을 상대적으로 이해하고 있는 부분으로서, 자신의 연약한 부분에 대한 자학적인 태도입니다. 그것은 자신을 잃고 남에게 나서기를 꺼리며, 주저주저하고 소극적이며 창의력과 의욕이 없는 상태이기도 하지요. 열등감은 자기 자신을 무능하고 무가치하다고 느끼는 자기 개념입니다. 열등감 또는 열등 의식은 결국 낮은 자존감에 뿌리를 두고 있지요.

열등감을 느낄 때

열등감은 삶과 의식 전체에 만연되어, 늘 불만과 자기 비하에 시달리게 하며, 타인의 시선에 지나칠 정도로 신경을 쓰게 합니다. 열등감에 빠진 이들은 높은 잠재력을 지니고 있음에도 불구하고, 그것을 충분히 발휘해 보지도 못하고 포기해 버리거나, 충분히 이길 수 있는 실력을 갖고 있음에도 불구하고 범실을 거듭하다가 시합에 지고마는 경우를 볼 수 있지요. 경쟁 상황이 아닐 때는 잘하다가도, 일단 경쟁에 들어가면, 그만 맥이 빠져 버리는 경우를 많이 보셨을 것입니다. 또 주위 사람들 눈에는 비합리적인 것이 뻔히 보이는데도 자기 주장만을 고집합니다. 그런 이들은 매사가 자기 방어적이어서, 불필요한 합리화를 일삼게 됩니다.

그런가 하면, 자신에 대한 비판에 지나치게 민감해서, 자기와는 전혀 상관없이 일어나는 일들, 예컨대 주변의 큰 웃음소리나 귓속말 하는 광경을 보고도, 그것이 모두 자신을 향한 것이라고 착각하고 불안한 반응을 보이기도 하지요. 마치 주변의 모든 사람들이 자신의 일거수일투족

목마른 사슴의 노래

을 주시하고 있는 것처럼 느끼는 것입니다. 그러다 보면, 자연스레 사람을 피하게 되지요. 유별나게 아첨받기를 좋아하는 사람도 있는데, 역시 열등감의 한 면입니다. 무의식 속에서 자신을 무가치한 존재로 여기고 있기에, 그렇지 않다는 증거를 찾아내려 굶주려 있는 거지요. 그러다가 자기를 높이 평가해 주는 아첨을 환영하게 되고, 아첨하는 사람을 중요하게 여기다 보니, 아첨배의 조종을 받게 되는 수도 있습니다.

그리고 자신의 열등감을 해소하기 위하여 남을 깎아 내리기도 합니다. 상대방이 격하되어야 자신이 올라간다고 믿는 겁니다. 그래서 사람들의 결함을 일일이 지적하고 고쳐 주려고 합니다. 세세한 일까지 지시해야 마음이 후련해집니다. 유달리 잔소리가 많습니다. 열등감을 앓는 사람 가운데, 비현실적으로 높은 목표를 설정해 놓고, 그것으로 실패를 합리화하려는 이들도 있습니다. 이들은 현실적으로 가능한 일을 찾기보다는 굉장한 것을 성취하겠다고 고집을 부리기도 합니다.

열등감을 느낄 때

내 모습 이대로 주 받으옵소서
날 위해 돌아가신 주 날 받으옵소서

　자기 자신을 있는 그대로 수용함으로써 자신뿐만 아니라 타인까지 받아들일 수 있는 너그러움을 지닐 수 있습니다. 우리가 우리 자신의 잘못을 용서하지 못하면, 타인의 허물도 받아들일 수 없기 때문입니다. 우리 자신을 사랑하는 법을 배우지 않고서는, 타인도 사랑할 수 없기 때문입니다.

목마른 사슴의 노래

내가 주께 피하오니

시 71 : 1-3, 5-6, 8-9, 14-16

주님,

제가 주님께로 피합니다.

보호하여 주시고,

수치를 당하는 일이 없게 해주십시오.

주님은 의로우시니,

저를 도우시고, 건져 주십시오.

저에게로 귀를 기울이시고,

저를 구원하여 주십시오.

주님은 저의 반석, 저의 요새이시니,

주님은 제가 어느 때나 찾아가서

숨을 반석이 되어 주시고,

저를 구원하는 견고한 요새가 되어 주십시오.

열등감을 느낄 때

주님,
주님 밖에는 희망이 없습니다.
주님, 어려서부터 저는 주님만을 믿어 왔습니다.
저는 태어날 때부터 주님을 의지하였습니다.
어머니 뱃속에서 나올 때에
저를 받아 주신 분도 바로 주님이셨기에,
제가 늘 주님을 찬양합니다.
온종일 저는 주님을 찬양하고,
주님의 영광을 선포합니다.
제가 늙더라도 저를 내치지 마시고,
제가 쇠약하더라도 저를 버리지 마십시오.

치유하시는 주님,
저는 제 희망을 언제나 주님께만 두렵니다.
주님을 더욱더 찬양하렵니다.
제가 비록 그 같은 뜻을 다 알지는 못해도,
주님의 의로우심을 제 입으로 전하렵니다.
주님께서 이루신 구원의 행적을
종일 널리 알리렵니다.

목마른 사슴의 노래

주님,
제가 나아가서 주님의 능력을 찬양하렵니다.
주님께서 홀로 보여 주신,
주님의 그 의로우심을 널리 알리렵니다.
저에게 주신 그 절대 희망의 비전을
평생토록 간직하게 해주십시오. 아멘.

열등감을 느낄 때

우리가 아직 연약할 때에

롬 5 : 1-11

주 하나님,
저는 믿음으로 의롭게 하여 주심을 받았으니,
우리 주 예수 그리스도로 말미암아
하나님과 더불어 평화를 누립니다.
저는 또한, 그리스도로 말미암아 지금 서 있는
이 은혜의 자리에 믿음으로 나아왔고,
하나님의 영광의 자리에 참여할
소망을 품고 자랑을 합니다.
저는 환란 가운데서도 자랑을 합니다.
환란은 인내를 낳고,
인내는 품격을 낳고,
품격은 희망을 낳는 줄을 알고 있기 때문입니다.

목마른 사슴의 노래

이 희망은 저를 실망시키지 않습니다.
하나님께서 저에게 주신 성령으로
사랑을 제 마음 속에 부어 주셨기 때문입니다.

주 하나님,
제가 아직 약할 때에,
그리스도께서 때를 맞추어서,
경건하지 못한 저를 위하여 이미 죽으셨습니다.
제가 아직 죄인으로 있을 때에,
그리스도께서 저를 위하여 죽으심으로써,
하나님께서 저에게 주시는 사랑을 나타내셨습니다.
그러므로 지금 제가 그리스도의 피로 의롭게 되었으니,
그리스도로 말미암아 하나님의 진노에서
구원을 받으리라는 것은 더욱 확실합니다.
제가 하나님의 원수로 있을 때에도
성자의 죽으심으로 하나님과 화해하게 되었다면,
하나님과 화해가 이루어진 지금에 와서
하나님의 생명으로 구원을 받으리라는 것은
더더욱 확실한 일입니다.

열등감을 느낄 때

그뿐만 아니라, 지금 그리스도로 말미암아
하나님과 저 사이에 화해가 이루졌으니
이 얼마나 자랑스러운 일입니까?
할렐루야, 아멘.

부정적인 생각을 제거하소서

신현복

하늘에 계신 성부이시여,
저를 도우시어
제 마음이 하나님께 피하고
하나님을 파트너로 삼게 해주십시오.
제 마음에서 온갖 파괴적이고,

부정적인 생각을 제거하여 주십시오.
저에게 삶의 기쁨과 열정을 주십시오.
저를 도우시어
이 세상에서 저를 기다리고 있는
도전들을 직면하게 해주십시오.
완전한 신뢰 안에서
저의 길을 하나님께 맡깁니다.
감사드리며
우리 주 예수 그리스도의 이름으로
기도합니다. 아멘.

열등감을 느낄 때

목마른 사슴의 노래

16일

*

좌절을 느낄 때

부두교에 대해서 들어 보신 적이 있습니까? 남태평양 군도에는 부두교의 독특한 의식이 있는데, 의사 역할을 겸하는 그 곳의 주술사가 마을 사람 가운데 죄를 범한 이를 앞에 세워 놓고, 주문과 의식을 행한답니다. 곧 기다란 뼈를 보게 하면서, "넌 뼈를 보는 순간 죽을 것이다."고 주입시키는 것이지요. 그런데 놀랍게도 그 뼈를 보는 순간, 그 죄인은 실제로 아무런 이유도 없이 죽게 된다는 것입니다. 그것은 좌절 때문입니다. 이제는 아무런 희망도 없다는 절망감, 바로 그것이 고귀한 생명을 앗아가 버리는 것이지요. 강력한 죽음의 메시지를 담은 주문에 따라, 다가올 죽음에 아무런 대응도 못한 채, 삶의 의지와

좌절을 느낄 때해

희망까지 모두 빼앗겨 버리는 것입니다. 이렇듯 절망은
죽음에 이르는 병입니다.

　　엠마오 마을로 가는 두 제자
　　절망과 공포에 잠겨 있을 때

　그 날 오후, 엠마오로 내려가는 길, 두 제자의 발걸음
은 한없이 무거워 보였습니다. 고개를 떨구고 땅만 보고
걷고 있었습니다. 그들의 이야기는 끊어졌다간 이어지고,
이어졌다간 또 끊어졌습니다. 때마침 석양이 그들을 비추
어 긴 그림자를 드리우고 있었습니다.
　참으로 어둡고 쓸쓸한 모습입니다. 모든 희망이 꺾이
어, 깊은 좌절에 빠진 모습입니다. 왜 이런 분위기에 빠
질 수밖에 없었을까요? 그들이 좌절에 빠진 이유는 무엇
일까요? 그것은 예수님의 죽음 때문이었습니다. 십자가에
서 처참하게 죽으신 예수님의 죽음에 대한 충격 때문이었
습니다. 이스라엘을 구속할 분으로 믿었던 예수님의 죽음
은 제자들의 모든 희망을 무너뜨렸습니다. 정치적인 독립

목마른 사슴의 노래

도, 종교적인 신실함도, 경제적인 번영도, 사회적인 안정
도, 민족과 개인의 미래도, 모든 부분에 불투명한 그림자
뿐이었습니다.

　결국, 제자들은 나그네의 모습으로 길을 함께 가신 주
님을 알아 보지 못한 채, 가리워진 눈으로 엠마오까지 갔
습니다. 25리는 두 시간 반 길입니다. 영안이 열려있지
않으면 아무리 긴 시간, 아무리 가까이서 주님이 함께 하
신다고 하더라도 알 수가 없는 것입니다. 그러나 그들은
그 나그네가 주는 떡을 받으면서, 그제서야 눈이 밝아졌
습니다. 그 절망의 길 엠마오 도상에서도 주님은 그들과
함께 계셨던 것입니다.

　세상을 살아 가노라면, 여러분도 제자들과 같은 체험을
하곤 하실 것입니다. 희망이 꺾이는 아픔을 겪기도 하고,
예기치 않던 고난과 시련을 낭하기도 합니다. 그래서 깊
은 좌절과 절망에 빠지기도 합니다. 바로 그 때, 바로 그
때, 생각해야 할 것이 있습니다. 내 마음의 눈이 좌절과
절망 때문에, 하나님의 손길을 볼 수 없을 정도로 가리워

좌절을 느낄 때해

져 있지나 않은지 말입니다.

　그들의 눈이 열리자, 모든 것이 바뀌었습니다. 절망이 희망으로, 좌절이 용기로 바뀌었습니다. 그래서 그들은 더 이상 엠마오에 있을 수가 없었습니다. 우리도 부활의 주님을 만나야 합니다. 우리의 어두운 눈이 열리고 밝아져야 합니다. 부활의 주님을 만나면, 죽음이 정복됩니다.

　부활하신 주님께서 여러분과 엠마오 인생 길을 동행하십니다. 여러분의 고민을 들으시고, 여러분을 깨우쳐 주시고, 끝까지 함께 걸어가 주십니다. 여러분은 결코 혼자가 아닙니다!

목마른 사슴의 노래

내가 저를 건지리라

시 91 : 1-16

주님,
가장 높으신 분의 보호를 받으면서 사는 저는,
전능하신 분의 그늘 아래 머무를 것입니다.
주님은 저의 피난처, 저의 요새,
저의 의지할 하나님이십니다.
정녕, 주님께서는 저를,
사냥꾼의 덫에서 빼내 주시고,
죽을 질병에서 건져 주실 것입니다.
주님께서 주님의 깃으로 저를 덮어 주시고,
저도 주님의 날개 아래로 피할 것이니,
주님의 신실하심이 저를 지켜 주는
방패와 성벽이 될 것입니다.

●
좌절을 느낄 때해

그러므로 저는
밤에 찾아드는 공포를 두려워하지 않고,
낮에 날아드는 화살을
무서워하지 않을 것입니다.
흑암을 틈타서 퍼지는 염병과
백주에 덮치는 재앙도 두려워하지 않을 것입니다.

주님,
제 왼쪽에서 천 명이 넘어지고,
제 오른쪽에서 만 명이 쓰러져도,
제게는 재앙이 다가가지 못할 것입니다.
오직 저는 눈으로 자세히 볼 것이니,
악인들이 보응을 받는 것을 보게 될 것입니다.
제가 주님을 제 피난처로 삼았으니,
가장 높으신 분을 저의 거처로 삼았으니,
제게는 어떤 재앙도 내리지 않을 것입니다.
제 장막에는,
어떤 재앙도 내리지 않을 것입니다.

목마른 사슴의 노래

주님,
천사들에게 명하셔서
제가 가는 길마다 저를 지키게 해주시고,
저의 발이 돌부리에 부딪히지 않게
천사들이 두 손으로 저를 붙들게 해주십시오.
제가 악의 세력들을
거뜬히 물리치고 다니게 해주십시오.
제가 주님을 간절히 열망하니,
저를 건져 주십시오.
제가 주님의 이름을 알고 있으니,
주님께서 저를 높여 주실 줄 믿습니다.
제가 주님을 부를 때에 응답해 주시고,
제가 고난을 받을 때에 저와 함께 있어 주십시오.
저를 건져 주시고,
저를 영화롭게 해주십시오.
제가 마음껏 오래 살게 해주십시오.
부디 주님의 구원을 저에게 보여 주십시오.
예수님의 이름으로 기도드립니다. 아멘.

좌절을 느낄 때해

겉사람은 후패하나

고후 4:16-18

희망의 하나님,
저는 낙심하지 않습니다.
저의 겉사람은 낡아 가나,
저의 속사람은 나날이 새로워 갑니다.
제가 지금 겪는 일시적인 가벼운 고난은,
비교할 수 없을 정도로 영원하고 크나큰 영광을
저에게 이룩해 줍니다.
저는 보이는 것을 바라보는 것이 아니라,
보이지 않는 것을 바라봅니다.
보이는 것은 잠깐이지만,
보이지 않는 것은 영원하기 때문입니다. 아멘.

목마른 사슴의 노래

홀로 지새우는 밤

레이디 제인 그레이(1537-1554)

오 자비하신 하나님,
주님만이 저의 사정을 가장 잘 아시오니,
저의 비참함을 헤아려 주십시오.
겸손히 비오니,
이 시간 저의 강한 보호막이 되어 주십시오.
견딜 수 없을 정도로 고통을 주지는 마시고,
이 지독한 비참함에서 건져 주시든지,
아니면 하나님의 무거운 손과
날카로운 교성하심을 묵묵히 참을 수 있는 은혜를 주십시오.
바로의 손아귀에서 이스라엘 백성을 구한 것도
하나님의 그 오른손이었습니다.

좌절을 느낄 때해

얼마나 오랫동안 침묵하시렵니까?
영원히 그러시렵니까?

오 주님,
주님은 은혜로우시다는 것을 잊어 버리셨습니까?
불쾌하신 나머지
사랑어린 친절을 그만 베풀기로 하셨습니까?
더 이상 탄원을 받지 않으시렵니까?
주님의 자비가 깨끗이 영원토록 사라져 버리고,
주님의 약속이 완전히 영원토록 끝장나 버린 겁니까?
어찌하여 그토록 오랫동안이나 망설이십니까?
제가 주님의 자비 때문에 절망을 해야 합니까?

오 하나님,
제발 그런 일이 없도록 해주십시오.
저는 그리스도 예수 안에서 지음받은,
하나님의 작품입니다.

그러므로

목마른 사슴의 노래

하나님이 뜻하시는 모든 일 속에서
저와 함께 해주시고,
하나님께서 뜻하시는 방식대로
고난도 달게 받게 해주십시오.
오직 비옵기는,
그 동안,
저를 하나님의 두 팔로 품어 주시어,
제가 굳건히 설 수 있도록 해주십시오. 아멘.

좌절을 느낄 때해

목마른 사슴의 노래

17일

*

참 자기를 찾고 싶을 때

영화를 보면, 눈물이 나도록 슬픈 영화가 있습니다. 가슴이 후련하도록 통쾌한 영화도 있구요. 짜릿하도록 아슬아슬한 영화도 있고, 보고나도 뭐가뭔지 허무만 남는 그런 영화도 없는 건 아니지요. 그런데 몇 년 전 참 좋아하는 영화가 있었습니다. 좋다기보다 차라리 감동적었습니다. 로빈 윌리암스 주연의 〈죽은 시인의 사회〉가 그것입니다. 거짓된 가치관에 사로잡혀 있던 엘리트 학생들이 키딩이라는 한 선생님을 만남으로 얼마나 많은 것을 깨닫고 변화해 가는지를 예술적으로 잘 형상화한 수작이었지요. 저는 그 영화에서 나타난 게 바로 거짓 자기의 문제가 아닐까 생각해 봅니다.

참 자기를 찾고 싶을 때때

사람들 가운데는 이 세상의 현실에 적응하는 능력은 매우 발달했으나, 태어날 때부터 선물로 받은 재능과 개성을 활짝 펼치고 발달시켜서, 창조적인 삶을 영위하는 데는 실패한 이들이 있습니다. 외면적으로 볼 때, 성공적인 인생을 살고 있는 것처럼 보이나, 그들이 자신들의 삶에 대하여 느끼는 감정 속에는, 자신들의 삶이 '가짜'라는 느낌이 짙게 자리잡고 있지요. 그들은 자신들이 사회에서 이룩한 온갖 성취들에도 불구하고, 그게 다 헛된 것이고, 그 헛된 것 속에 갇혀서 살아 가는 자신들의 존재가 참된 존재가 아니라 '거짓된 존재'라는 느낌을 지울 수가 없습니다. 그것은 자신과 자신의 삶에 대한 생생한 감정이라는 게, 세상 현실에 적응하는 능력인 '거짓 자기'(false self)로부터 오는 것이 아니고, 오직 한 생명체의 자발적이고 직접적인 생명력의 표현이라고 할 수 있는 '참 자기'(true self)로부터 오기 때문입니다.

참다운 자기만이 창조적일 수 있습니다. 참다운 자기만이 참으로 살아 있다는 감정을 갖게 해줍니다. 반면에 거

목마른 사슴의 노래

짓된 자기는 헛된 감정과 진짜가 아니라는 감정만을 제공해 줍니다. 그러나 아무도 참 자기만을 가지고 세상을 살아가지는 않습니다. 우리는 참 자기만을 가지고 세상을 살아갈 수는 없습니다. 어느 정도 거짓 자기를 함께 가지고 살아갑니다. 이 거짓 자기란 본디 삶의 현실로부터 오는 온갖 위협으로부터 참 자기를 보호해 주고 지켜 주는 긍정적인 기능을 지니고 있습니다. 이 거짓 자기의 기능을 통하여, 우리는 때때로 그것이 내가 진정으로 바라는 것이 아니라 할지라도, 참고 내게 주어진 역할을 담당하며 환경적 여건에 순응하는 법을 배우기도 합니다. 이처럼 참 자기의 삶을 위하여 봉사하는 보조적 역할로서의 거짓 자기는, 우리 모두가 지니고 있는 것이요 건강의 조건이기도 하지요. 그러나 만일 이 거짓 자기가 지나치게 발달하고, 따라서 참 자기가 자리잡고 있어야 할 인격의 중심을 대신 차지하게 될 경우, 그 인격적인 삶에 근본적인 장애가 생기게 됩니다.

　아직 피어나지도 못한 채 깊이 묻혀 있는 여러분의 참

참 자기를 찾고 싶을 때때

자기가 새롭게 태어나 자라나도록 하십시오. 그렇게 하면, 이 때 태어나는 새로운 자기는 생에 대한 진정한 감정과 자발성과 창조성을 지닌 건강한 인격적 속성을 지니게 되지요. 그리고 점차 자기애적 필요로부터도 자유롭고, 타자에 대해서도 진정한 관심을 기울일 수 있는 사랑의 능력을 지니게 됩니다. 이렇듯 참 자기는 한 사람이 태어날 때부터 이미 가지고 태어나는 잠재된 개성이지요. 결국, 인생의 참다운 의미란 바로 이 참 자기를 이루고 또 그 삶을 사는 데 있습니다.

목마른 사슴의 노래

중심에 통회하는 자

시 34:1-10, 17-19, 22

치유하시는 하나님,
하나님을 항상 송축합니다.
하나님을 송축함이 제 입에서 계속될 것입니다.
제 영혼이 치유하시는 하나님을 자랑하리니,
곤고한 이가 듣고 기뻐할 것입니다.

광대하신 하나님,
하나님의 이름을 높여 드립니다.
제가 치유하시는 하나님께 구하매 세게 응답하시고,
제 모든 두려움에서 저를 건지셨습니다.
제가 주님을 앙망하고 광채를 입었으니,
그 얼굴이 영영히 부끄럽지 아니할 것입니다.

참 자기를 찾고 싶을 때때

이 곤고한 몸이 부르짖으매,
치유하시는 하나님께서 들으시고,
그 모든 환난에서 구원하셨습니다.
치유하시는 하나님의 사자가
주님을 경외하는 이를 둘러 진치고 건지셨습니다.

선하신 하나님,
하나님께 피하는 이는 복이 있습니다.
치유하시는 하나님을 경외합니다.
하나님을 경외하는 저에게는 부족함이 없습니다.
젊은 사자는 궁핍하여 주릴지라도,
치유하시는 하나님을 찾는 이는
모든 좋은 것에 부족함이 없을 것입니다.
의인이 외치매 치유하시는 하나님께서 들으시고,
저를 모든 환난에서 건지셨습니다.

치유하시는 하나님,
마음이 상한 저에게 가까이 하시고,
중심에 통회하는 저를 구원해 주십시오.

목마른 사슴의 노래

고난이 많은 저를
그 모든 고난에서 건져 주십시오.
하나님께 피하는 저의 영혼을 구하시어,
죄를 받지 않게 해주십시오.
예수님의 이름으로 기도드립니다. 아멘.

잠잠하고 그 사람에게서 나오라

눅 4:31-37;8:26-35

주님,
주님께서는 말씀에서뿐만 아니라
병을 고치시는 데서도
권세와 능력을 나타내셨습니다.

참 자기를 찾고 싶을 때때

귀신도 주님의 위대하심을 알아 보았습니다.
"아, 나사렛 예수여!
우리가 당신과 무슨 상관이 있나이까?
우리를 멸하러 왔나이까?
나는 당신이 누구인 줄 아노니,
하나님의 거룩한 자니이다."
주님께서 말씀 한 마디만 해주시면 됩니다.
"잠잠하고 그 사람에게서 나오라!"

주님,
악한 세력을 제어하시는 주님의 권능어린 손길이
이 시간 저에게도 임하게 해주십시오.
제 안에서 꿈틀거리는 거짓된 모습들을 향하여
말씀 한 마디만 해주십시오.
"잠잠하고 그 사람에게서 나오라!" 아멘.

목마른 사슴의 노래

목마름은 더하고

성 게르트루디스

아아, 사랑의 하나님,

나의 구주시여,

주님은 영원히 감미로운 매력을 가지고 계십니다.

주님은 제 마음의 갈망이시며,

제 지성의 굶주림과 목마름이십니다.

그러나 주님을 맛보면 볼수록

제 굶주림과 목마름은 더하고,

주님의 샘에서 마시면 마실수록

제 갈증은 더욱 심합니다.

오십시오, 주 예수시여, 어서어서 오십시오! 아멘!

참 자기를 찾고 싶을 때때

목마른 사슴의 노래

18일

*

완전주의에 사로잡혀 있을 때

실수를 받아들일 수 없는 것 때문에 밤잠을 설친 일이 있습니까? 월드컵 축구 경기 같은 데서, 마지막 역전을 시킬 수 있는 프리킥을 못 넣고 한동안 국민들에게 얼굴도 못 내미는 대표 선수들을 생각해 보십시오. 그들을 죽일 놈 취급하는 언론은 또 어떻구요. 실수를 받아들이지 못하고, 또 너그러이 받아 주지 못하는 풍토에서 완전주의의 그림자가 생겨나지요.

완전주의의 증상은 무엇일까요? 첫째로, '꼭 해야 한다는 무서운 압박감'입니다. 무슨 일을 잘하지 못했거나 훌륭하지 못했다고 늘 느끼는 거지요. 그들에겐 이런 생각이 꼬리처럼 따라다닙니다. '나는 좀더 잘해야 돼!' '좀더 잘 했어야 하는데!' '좀더 잘 할 수 있어야 해!' 일을 해도 끝맺음이 없이, 밤을 새는 게 습관이 되어 버립니다.

둘째로, 자기 자신을 멸시하지요. 완전주의자들의 자존감은 매우 낮습니다. 자기 자신이나 자기가 한 일에 대하여 만족하지 못하는 사람은 늘 자신을 멸시하는 감정에 사로잡히게 됩니다. 그래서 더 많은 노력을 기울이지만, 언제나 목표에 미달되고 적절하지 못한 느낌에 시달립니다.

셋째로, 근심이지요. 반드시 해야 한다는 느낌과 자기를 멸시하는 태도는 죄책감과 근심과 비난이라는 울타리 속에서 지나치게 예민한 마음을 갖게 합니다.

넷째로, 고립된 마음이지요. 완전주의자는 자신을 혐오합니다. 다른 사람과 잘 어울릴 수 없는 가운데 살아 가려고 애쓸 때 오는 압박감과 긴장감이 견딜 수 없을 정도로 큰 부담을 주지요. 그러한 부담 때문에 마음이 냉냉해지거나 와해됩니다.

결국, 한순간도 자신이 세워 놓은 기준에 도달하지 못

목마른 사슴의 노래

한 채, 자신이나 자신의 행동이 상대를 결코 만족시켜 주지 못한다는 감정으로 가득 차 있습니다.

끝간 데 없는 방황과 불안에 인간은 당황할 때가 있습니다. 무엇인가 놓이지 않을 곳에 놓인 물건처럼 자신에 대하여 부조화를 느끼고 왠지 불안할 때가 있습니다. 세계는 점차 평화를 잃어 가고, 인간의 안식은 점차 고갈되어 가고, 인간은 한 모금 물을 찾듯 안식에 목말라 하고 있습니다. 여러분의 참다운 안식은 어디에 있습니까? 비발디의 '사계'에 취해도, 드보르작의 '꿈 속의 고향'을 들어도, 제임스 골웨이의 황홀한 플룻 연주 속에서도, 밀레의 '양치는 소녀'를 보아도, 레오나르도 다 빈치의 '모나리자의 미소'를 보아도 그 안식은 영원한 것일 수 없습니다. 완전주의의 노예가 되어 도무지 만족과 감사와 감동이 없는 인생. 작은 것에 아름다움을 느낄 수 없는 인생. 그것은 곧 쉼표가 없는 인생입니다. 쉼표가 없는 인생은 온전한 마침표를 찍을 수가 없습니다.

완전주의에 사로잡혀 있을 때

완전주의자는 자신이 완전주의에 사로잡혀 있음을 인정할 수 있어야 합니다. 비현실적인 희망이나 기대 속에 있기 때문에, 그것을 포기해야 합니다. 또 완벽을 이루려는 노력보다 완벽을 즐기기로 결심하십시오. 즐기기를 결심한다면, 완벽해지려고 마음 먹었을 때보다 더 좋은 성과를 올릴 것입니다. 또 불완전함을 실패라고 간주하지 마십시오. 완전주의자들은 다른 사람들도 자신에게 완전을 요구한다고 생각하는 경향이 있지요. 하지만, 인간은 누구나 연약하고 어리석은 존재들임을 알게 될 때, 이러한 속박의 굴레에서 자유로워질 수 있을 것입니다.

"하나님께서 허락하신 안식에 들어가는 사람은, 하나님께서 자기 일을 마치고 쉬신 것과 같이, 그도 자기 일을 마치고 쉬는 것입니다"(히브리서 4장 10절).

영혼의 만족

시 63:1-8

주님,
주님은 저의 하나님,
물기 없이 메말라 황폐한 땅에서
목마른 사람이 물을 찾듯이,
제가 주님을 찾습니다.
제 영혼이 주님을 찾아 목이 마르고
이 육신도 주님 찾아 애가 타서,
제가 성소에서 주님을 뵙고
주님의 권능과 주님의 영광을 봅니다.
주님의 한결같은 그 사랑이
생명보다 더 소중하기에,
제가 입술로 주님께 영광을 돌립니다.

완전주의에 사로잡혀 있을 때

이 생명 다하도록,
주님을 찬양하렵니다.
손을 들어서
주님의 이름을 찬양하렵니다.
기름지고 맛깔진 음식을 배불리 먹은 듯이
제 영혼이 만족하니,
제가 기쁨에 가득 찬 입술로
주님을 찬양하렵니다.

주님,
요즘은 잠자리에 들어서도 주님만을 기억하고,
밤을 새우면서도 주님만을 생각합니다.
주님께서 저를 도우셨기에
저 이제 주님의 날개 그늘에서
주님을 즐거이 노래하렵니다.
이 몸이 주님 뒤를 가까이 따르니,
주님, 오른손으로 저를 꼭 붙잡아 주십시오.
예수님의 이름으로 기도드립니다. 아멘.

목마른 사슴의 노래

완전 무장

엡 6:10-17

주님,

이제는 모든 시름 다 잊고,

주님 안에서,

주님의 힘찬 능력을 받아 굳세게 해주십시오.

악마의 간계에 맞설 수 있도록

하나님께서 주시는 장비로

완전무장을 하게 해주십시오.

무엇보다도,

믿음의 방패를 손에 들게 해주십시오.

그것으로, 악한 자가 쏘는 모든 불화살을

막아 끌 수 있게 해주십시오.

그리고 구원의 투구와 성령의 칼,

완전주의에 사로잡혀 있을 때

곧 하나님의 말씀을 지니게 해주십시오. 아멘.

너무 행복하게 만들지 마소서

저자 미상

주님,
우리로 하여금 너무 행복하게 만들지 마십시오.
행복을 하나님과 바꾸지 않도록
적당한 불행을 주십시오.
주님,
우리로 하여금 너무 풍요롭게 만들지 마십시오.
물질 때문에 정신이 부패하지 않도록
적당한 가난을 주십시오.

주님,
우리로 하여금 너무 권세있는 이로 만들지 마십시오.
하나님을 두려워하는 이가 되도록
적당한 좌절을 주십시오.
주님,
우리로 하여금 너무 건강하게 만들지 마십시오.
축복인 줄 모르고 퇴폐에 몸을 던지지 않도록
적당한 약함을 주십시오.

비오니,
스스로 완벽하게 살기보다
주님 뜻 안에서 고난도 달게 받게 해주십시오.
그래서 행복하거나 불행하거나,
건강하거나 병들거나,
늘 주님만을 바라보게 해주십시오.
언제나 주님만을 섬기게 해주십시오. 아멘.

●
완전주의에 사로잡혀 있을 때

목마른 사슴의 노래

19일
*

성격의 장애를 느낄 때

우리는 왜 이렇게 자유로운 인간이 되지 못할까요? 이 물음은 우리 모두를 참 아프게 하는 질문입니다. 우리 안에 뭔가 모를 짐이 지워져 있어, 늘 괴롭히고 있음을 부인하기 힘들기 때문이지요. 그것은 일종의 병입니다. 그리고 그 병은 '성격'이라는 구조 속에 있습니다. 세계적으로 통용되는 열 가지의 성격 장애를 소개하면 다음과 같습니다.

첫째는, 편집적 성격 장애입니다. 다른 사람에 대한 불신과 의심이 만연하여 그들의 동기가 악의적이라고 해석됩니다. 피해 의식과 박해 망상과 원한을 지니고 있고 용

성격의 장애를 느낄 때을

서를 못하지요. 둘째는, 분열적 성격 장애입니다. 사회적 관계로부터의 분리와 정서적 표현의 제한된 범위를 가리킵니다. 친밀한 관계를 두려워하지요. 사랑을 그리워하면서도 막상 대상이 가까이 오면 두려워 도망을 가버리고 마음의 문조차 닫아 버립니다. 늘 혼자입니다. 성적으로 무관심하고, 냉담하며, 고립되어 있습니다. 셋째는, 분열형 성격 장애입니다. 친밀한 관계에서의 감소된 능력, 급성적인 불편감이 뚜렷히 만연된 유형으로서 사회적 대인 관계에서의 결함, 인지적이거나 지각적인 왜곡, 별난 행동이 그것입니다. 분열적 성격 장애와 사촌간이지요. 마술적·관계 망상적 사고, 마음을 꿰뚫어 보거나 누가 보인다는 생각이 깃들어 있습니다.

넷째는, 반사회적 성격 장애입니다. 다른 사람의 권리 침해나 무시가 나타납니다. 잘 싸우고, 충동적이지요. 반조직적입니다. 다섯째는, 경계선적 성격 장애입니다. 대인 관계나 자아상이나 정동에서 불안정성과 뚜렷한 충동성이 드러납니다. 정신병과 성격 장애 사이에 있는 것이지요. 버림 받을 것이라는 생각, 정체성 혼란, 공허, 자살

목마른 사슴의 노래

충동, 진노나 격노, 편집 등이 그것입니다.

여섯째는, 히스테리성 성격 장애입니다. 과도한 정서성과 주의를 추구하는 경향이 있습니다. 튀려 하고, 칭찬과 관심의 초첨이 되려 하지요. 성적 매력을 돋보이려 합니다. 삶이 극적이며, 감정 표현이 과장되어 있습니다. 그러나 속을 들여다 보면 사실은 내용이 없지요. 매력 있게 보이려 하나 조화(造花)를 보는 것 같으며, 자연스러움과 살아 있는 것이 없지요. 일곱째는, 자기애적 성격 장애입니다. 과대성과 칭송에 대한 요구가 나타납니다. 공감이 부족하지요. 히스테리와 사촌간인데, 좀 더 병리가 깊지요. 위대성과 과대성, 자기 중심적 요소가 깃들어 있습니다.

여덟째는, 회피적 성격 장애입니다. 사회적 억제나 부적절감이나 부정적인 평가에 대한 과잉 민감성이 그것입니다. 분열적 성격 상애와 분열형 성격 장애 사이에 있는 것으로서, 분열적 성격 장애보다는 덜 한 것이지요. 도망치고 후퇴하려 합니다. 아홉째는, 의존적 성격 장애입니다. 보호받는 것에 대한 광범위하고도 과도한 요구가 나

성격의 장애를 느낄 때을

타납니다. 그것은 복종적이고 매달리는 행동이나 분리에
대한 공포로 나아갑니다. 남이 대신 판단해 주기를 바라
는 거지요. 열번째는, 강박적 성격 장애입니다. 정리 정돈
이나 완벽주의나 성신적·대인 관계적 통제에 집착하는
성향이 있습니다. 유연성, 개방성, 효율성을 희생시킵니
다. 뭐든지 '똑바로!·깨끗이!·정확히!'라는 중병에 걸
려 있지요. 융통성과 자유로움도 없구요.

　결국 모든 삶의 어려움을 깊이 들여다보면 그 심층에
저마다의 성격 문제가 도사리고 있음을 알 수 있습니다.
그러므로 우선적으로 나의 성격의 파노라마를 이해할 수
있는 눈이 필요합니다. 그리고 가정·직장·교회·군대
등 공동체가 있는 곳에서는 표면적인 문제 이면에 숨어
있는 각 성격의 신비를 공감해 줄 수 있는 넉넉함이 요구
됩니다.

목마른 사슴의 노래

어찌 그리 보배로우신지요

시 139:1-18, 23-24

주님,

주님께서 저를 샅샅이 살펴보셨으니,

저를 훤히 알고 계십니다.

제가 앉아 있거나 서 있거나

주님께서는 다 아십니다.

멀리서도 제 생각을 다 알고 계십니다.

제가 길을 가거나 누워 있거나,

주님께서는 다 살피고 계시니,

제 모든 행실을 다 알고 계십니다.

제가 혀를 놀려 아무 말 하지 않아도,

주님께서는 제가 그 혀로 무슨 말을 할지

미리 다 알고 계십니다.

성격의 장애를 느낄 때을

주님께서 앞뒤를 둘러싸 막아 주시고,
제게 주님의 손을 얹어 주셨습니다.
이 깨달음이 제게는
너무 놀랍고 너무 높아서,
제가 감히 측량할 수조차 없습니다.

주님,
제가 주님의 영을 피해 어디로 가며,
주님의 얼굴을 피해 어디로 도망치겠습니까?
제가 하늘로 올라가더라도
주님께서는 거기에 계시고,
무덤에다 자리를 펴더라도
주님께서는 거기에도 계십니다.
제가 새벽 날개를 달고 날아가거나,
바다 끝 서쪽으로 가서 거기 머무를지라도,
주님의 손이 거기서도 저를 이끌어 주시고,
주님의 오른손이 저를 힘껏 붙들어 주십니다.
제가 말하기를,
"아, 어둠이 와락 나에게 달려들어서,

목마른 사슴의 노래

나를 비추던 빛이 밤처럼 되어라." 해도,
주님 앞에서는 어둠도 어둠이 아니며,
밤도 대낮처럼 밝으니,
주님 앞에서는 어둠과 빛이 다 같습니다.

주님,
주님의 생각이 어찌 그리 심오한지요?
그 수가 어찌 그렇게도 많은지요?
제가 세려고 하면 모래알보다도 더 많습니다.
깨어나 보면,
저는 여전히 주님과 함께 있습니다.

주님,
저를 샅샅이 살펴 보시고,
제 마음을 알아 주십시오.
저를 철저히 시험해 보시고,
저의 걱정거리를 알아 주십시오.
제가 고통 받을 길을 가고 있지나 않은지
저를 살펴 보시고,

성격의 장애를 느낄 때을

영원한 길로 이끌어 주십시오.
예수님의 이름으로 기도드립니다. 아멘.

때를 따라 돕는 은혜

히 4:14-16;5:7-9

위대한 대제사장이신 주님,
저의 신앙 고백을 받아 주십시오.
주님은 저의 연약함을
동정하지 못하시는 분이 아닙니다.
주님은 모든 점에서
저와 마찬가지로 시험을 받으셨지만,
죄는 범하지 않으셨습니다.

그러므로 저는 담대하게 은혜의 보좌로 나아갑니다.

그래서 자비를 받고, 은혜를 입어서,

제때에 주시는 도움을 받을 것입니다.

주님,

주님께서는 인간으로 세상에 계실 때에,

주님을 죽음에서 구원하실 수 있는 분께,

큰 부르짖음과 많은 눈물로써

기도와 탄원을 올리셨습니다.

하나님께서는 주님의 경외심을 보시고서,

그 간구를 들어주셨습니다.

주님은 아드님이시지만,

고난을 당하심으로써 복종을 배우셨습니다.

그리고 완전하게 되신 뒤에,

주님에게 복종하는 모든 사람에게

영원한 구원의 근원이 되시고,

하나님께로부터 멜기세덱의 서열을 따라서

대제사장으로 임명을 받으셨습니다.

주님은 그래서

●
성격의 장애를 느낄 때을

바로 오늘 저의 대제사장이십니다. 아멘.

마음의 병

조지 애플리톤

오, 만물을 탐구하시되,
하나님의 깊은 것과 인간의 깊은 것까지도
속속들이 살피시는 성령이시여,
비오니,
마음의 병을 앓고 있는 이들이 지닌
성격의 근원들을 꿰뚫어 보시어,
그들을 깨끗이 하시고,
치유하시고,

하나되게 해주십시오.
온갖 기억을 거룩하게 하시고,
온갖 두려움을 물리치시며,
그들이 마음과 뜻을 다하여
주님을 사랑하게 하심으로써,
그들이 건강해지고,
영원히 주님께 영광을 드릴 수 있도록 해주십시오.
악한 세력을 쫓아 내시고
인간의 마음을 치유하시는,
우리 주 예수 그리스도의 이름으로 기도드립니다. 아멘.

성격의 장애를 느낄 때을

목마른 사슴의 노래

20일

*

가슴에 한이 맺힐 때

인생을 살면서 가슴앓이를 안해 본 사람이 있을까요? 삶은 어우러져 살면서 크든 작든 한을 가슴에 품게 하는지도 모릅니다. 가슴에 주홍글씨 같은 한을 한 자락 품고 속앓이를 하면서 인생의 날수를 헤이며 사는지도 모릅니다. 아들 잃은 한을 가슴에 품고 괴로워하는 부모에게 한이 없는 집 냄비를 빌려오면 치료해 줄 것이라던 랍비. 그 부모가 결국은 빈 손으로 돌아온다는 이야기가 있지요. 우리는 인생길에서 냄비를 선뜻 내어놓을 사람을 만나지 못할지도 모릅니다. 에덴 동산에서 하와와 아담의 사랑 관계가 파괴되었을 때 서로에게 상처를 입힌 그날 이후, 인간은 서로에게 상처를 줌으로써 한을 남기기도

가슴에 한이 맺힐 때때

하고, 갑작스런 이별로 한을 품게도 되고, 이루지 못한 꿈으로 한을 품게도 되고, 놓쳐 버린 시간 때문에 가슴앓이를 하기도 하지요. 가슴 깊은 곳에 토해 버려야 할 갖가지 한숨들을 품고 살면서 인간의 나이테는 여무는지도 모릅니다.

사람의 무의식 깊은 곳에는 인간 정서—사랑·증오·기쁨·슬픔·탐욕·질투 등—의 근원이 놓여 있습니다. 그런 의미에서, 우리 한국 문화 안에 형성된 독특한 개념이 있다면, 그것은 한(恨)입니다. 한국 문화 전통 안에서 한은 많은 영역에서 창조적 활동의 주된 자원으로 인정받아 왔습니다. 음악·춤·그림 등 예술의 주제들과 시·민담·신화·전설·소설·희곡 등 문학의 다양한 형태들은 한의 실재를 중심으로 발달해 왔지요. 한은 사람들이 일상 생활에서 경험하는 감정과 기분의 질을 결정합니다. 따라서 한은 한국인의 정서적, 정신·신체적, 그리고 정신적 장애를 일으키는 장본인이지요.

한은 단일한 감정이 아니라 증오·후회·체념·공격성·

불안·외로움·동경·슬픔·공허감 들을 포함한 복합적인 감정입니다. 거기에는 사랑과 같은 감정들도 모두 포함되어 있습니다. 이 감정들이 상호 작용을 통해서 실제 상황에서 표현되는 특수한 한의 감정을 만들어 내지요. 감정들의 압축은 억압과 관련됩니다. 인간의 감정들이 오랫동안 억압되면, 그것들은 내부로 향하여 한의 감정이 됩니다. 감정의 억압이 있는 곳에 한이 있습니다. 이 억압된 감정의 밑바닥에는 좌절과 심리적 고통의 경험으로부터 온 심적 상처들이 있습니다. 이 상처들이 어떤 감정들을 억압함으로써 한의 감정을 산출해 내는 거지요.

우리 민족 문화 전통에 뿌리를 둔 한의 정서는 원한(怨恨)·허한(虛恨)·정한(情恨)으로 나눌 수 있지요. 원한 안에는 박해 공포·증오·보복 감정·이유 없는 의심·질투·무자비성 등이 포함되어 있습니다. 고은의 시에서 대표적으로 나타나는 허한은 공허감·절망·희망 없음·체념·지루함 등의 정서적 속성입니다. 허한을 지닌 사람들은 자신들로부터 완전히 철수하여, 마침내 외적 현실과

●
가슴에 한이 맺힐 때때

의 접촉을 완전히 상실할 수 있으며, 자살이라는 심리적
파국으로 이끌 수도 있습니다. 하지만 극도로 이상화된
원시적 상이 재탄생의 자리가 될 수도 있지요.

나 보기가 역겨워
가실 때에는
죽어도 아니 눈물 흘리오리다.

김소월의 시(詩)에서 드러나는 것은 한국인 고유의 정
한입니다. 정한의 범위는 아주 넓어서 증오와 사랑, 파괴
와 건설, 질병과 건강 모두를 포함합니다. 이것이 바로
승화가 일어나고 다양한 형태의 예술 창조가 이루어지는
영역이지요.

목마른 사슴의 노래

내 심령이 상하도다

시 77:1-20

주님, 제가 주님께 소리 높여 부르짖습니다.
부르짖는 이 소리를 들으시고,
저에게 귀를 기울여 주십시오.
고난당할 때에, 저는 주님을 찾았습니다.
밤새도록 두 손 치켜 들고 기도를 올리면서,
제 마음은 위로를 받기조차 마다하였습니다.
제가 하나님을 기억하면서 한숨을 짓습니다.
주님 생각에 골몰하면서,
제 기운은 쇠약하여 갑니다.

주님께서 저를 뜬눈으로 밤 새우게 하시니,
제가 지쳐서 말할 힘도 없습니다.

가슴에 한이 맺힐 때때

제가 옛날 곧 흘러간 세월을 회상하며
밤새 부르던 제 노래를 생각하면서,
생각에 깊이 잠길 때에,
제 영혼이 속으로 묻습니다.
'주님께서 나를 영원히 버리시는 것일까?
다시는, 은혜를 베풀지 않으시는 것일까?
한결같은 그분의 사랑도 이제는 끊기는 것일까?
그분의 약속도 이제는 영원히 끝나 버린 것일까?
하나님께서 은혜를 베푸시는 일을 잊으신 것일까?
그분의 노여움이 그분의 긍휼을 거두어들이신 것일까?'
그 때에 저는 또 이런 생각도 들었습니다.
'가장 높으신 분께서 그 오른손을 거두시는 것,
이것이 나의 슬픔이로구나.'

주님, 주님께서 하신 일을 저는 회상하렵니다.
그 옛날에 주님께서 이루신,
놀라운 그 일들을 기억하렵니다.
주님께서 해주신 모든 일을 하나하나 되뇌고,
주님께서 이루신 그 크신 일들을

목마른 사슴의 노래

깊이깊이 되새기겠습니다.

주님, 물들이 주님을 뵈었습니다.
물들이 주님을 뵈었을 때, 두려워서 떨었습니다.
바다 속 깊은 물도 무서워서 떨었습니다.
구름이 물을 쏟아 내고,
하늘이 천둥소리를 내니,
주님의 화살이 사방으로 날아다닙니다.
주님의 천둥소리가 회오리바람과 함께 나며,
주님의 번개들이 번쩍번쩍 세계를 비출 때에,
땅이 흔들리면서 두려워서 떨었습니다.
주님의 길은 작은 바다에도 있고,
주님의 길은 큰 바다에도 있지만,
아무도 주님의 발자취를 헤아릴 수 없습니다.
주님의 백성을 양 떼처럼 이끄시는
예수 그리스도의 이름으로 기도드립니다. 아멘.

가슴에 한이 맺힐 때때

네가 낫고자 하느냐

요 5 : 2-18

주님,
예루살렘 양문 곁, 베데스다라 하는 못,
거기 행각 다섯이 있고,
그 안에 많은 병자, 소경, 절뚝발이,
혈기마른 자들이 누워,
물의 동함을 기다리고 있었지요.
천사가 가끔 못에 내려와 물을 동하게 하는데,
동한 후에 먼저 들어가는 자는
어떤 병에 걸렸든지 낫게 되기 때문입니다.

주님,
주님께서는 거기 삼십팔 년 동안 누워 있던

목마른 사슴의 노래

병자의 안타까운 심정을 읽고 계셨지요.
그 한맺힌 가슴을 끌어 안으셨지요.
"네가 낫고자 하느냐?"

삼십팔 년을 하루같이
주님 오시기만 기다리던 병자에게
"일어나, 네 자리를 들고 걸어가라!"
말씀 하신 주님,
사람을 살려 내기 위해서는
안식일에도 생명력을 불어넣으신 주님,
이 시간 기다리는 저에게 오시어,
주님의 살아 계심을 드러내 주십시오.
예수님의 이름으로 기도드립니다. 아멘.

가슴에 한이 맺힐 때때

평화의 기도

아시시의 성 프랜시스

주님, 저를 평화의 도구로 써 주십시오.

미움이 있는 곳에 사랑을,
상처가 있는 곳에 용서를,
분열이 있는 곳에 일치를,
의혹이 있는 곳에 믿음을,
오류가 있는 곳에 진리를,
절망이 있는 곳에 희망을,
어둠이 있는 곳에 광명을,
슬픔이 있는 곳에 기쁨을 심게 해주십시오.

위로 받기보다는 위로하며,

이해 받기보다는 이해하며,
사랑 받기보다는 사랑하며,
자기를 온전히 줌으로써 영생을 얻게 해주십시오.

주님, 저를 평화의 도구로 써 주십시오. 아멘.

가슴에 한이 맺힐 때때

목마른 사슴의 노래

21일

*

삶의 무의미함을 느낄 때

두 눈을 한 번 감아 보십시오. 여러분이 콜럼부스 이전 시대에 무언가를 발견해 보겠다는 꿈을 안고 망망 대해를 항해하고 있는 유럽인이라고 상상해 보십시오. 여러분의 배가 폭풍우 때문에 난파됩니다. 여러분만이 홀로 살아 남았습니다. 기적적이게도, 배의 파편이 열대 지방의 한 무인도 해변까지 떠밀려 옵니다.

푸른 풀이 많은 섬에는 과일·견과, 그리고 딸기가 가득 차 있고, 야생 생물이 풍부하며, 신선한 물이 많이 있습니다. 폭풍우와 동물로부터 여러분을 보호할 수 있는 동굴도 있습니다. 육체적으로 살아 남는 데는 전혀 문제

될 게 없습니다.

다만 한 가지 장애가 있습니다. 여러분은 그 섬의 유일한 거주자일 뿐만 아니라, 아무도 여러분이 거기 있는지 모릅니다. 사람들은 여러분이 바다에서 실종되었다고 가정하고 있습니다. 다른 배가 여러분이 죽기 전 여러분이 항해하던 그 길을 지나칠 수도 있을 것이라고 추정할 만한 아무런 근거도 없습니다. 그것은 유럽인들이 아직 미국 대륙을 발견하지 않았고, 그런 항해는 드문 일이기 때문입니다. 여러분은 남은 생애 동안, 결코 다른 인간을 보지 못할 것입니다.

여러분은 무엇을 할 것입니까? 여러분은 어떻게 정서적으로 살아 남을 것입니까? 무엇이 여러분의 삶을 가치 있게 만들 것 같습니까? 어떤 인간적인 관계 없이도 의미가 있을 수 있습니까?

여러분은 지금 어디에 계십니까? 인생의 길을 달리다가 문득 여러분의 자리에 대한 의구심이 들지는 않습니

목마른 사슴의 노래

까? 왠지 눈에 익은 주위 환경이나 사람들이 낮설게 여겨
지며 여러분의 실존에 대해 어리둥절해질 때는 없습니까?
'내가 과연 있어야 할 자리에 있는 것일까?' 낯선 곳에 던
져진 듯한 속 깊은 우울이 가슴을 싸 안을 만큼 통증을 느
끼게 하지는 않습니까? 숨을 헐떡이며 살다가 전날 한나
절을 함께 했던 사람이 간밤에 죽었노라는 소식을 들었을
때 잊고 있었던 자신의 죽음에 대하여 두려움을 느끼지는
않습니까? '나는 제대로 가고 있는가?' 휘황찬란한 네온
사인이 번쩍이는 거리에 몰려다니는 군중 속에서, 회오리
바람 같은 이 세대의 흐름 속에 '내'가 휘감겨 들어가고
있는 것은 아닌지, 아니 그 자각마저 문둥이의 감각처럼
무뎌져 가고 있는 것은 아닌지 느껴지지 않습니까?

현대를 살아 가는 사람들에게 가장 시급한 것이 있다
면, 자신들의 일상적인 삶 속에서 그 의미를 어디서 어떻
게 찾느냐 하는 것이지요. 어떤 이들에게는 삶의 의미라
는 것이 과연 있는지조차도 불분명한 경우가 있습니다.
왜 사는지, 그리고 어디로부터 와서 어디를 향해 나아가

삶의 무의미함을 느낄 때

고 있는지를 모른 채, 인생을 마냥 허송세월 하고 있는
이들이 있습니다. 다람쥐 쳇바퀴 돌 듯하는 그런 삶은 허
공을 치는 안타까운 몸짓에 불과할 뿐입니다. 그것은 살
았으나 죽은 것과 매한가지인 산 송장일 뿐이지요.

목마른 사슴의 노래

나의 연약함을 알게 하소서

시 39:4-5, 12;90:1-10, 12

주님, 알려 주십시오.
제가 얼마나 더 살겠습니까?
제가 언제 죽겠습니까?
저의 일생이 얼마나 덧없이 지나가는 것인지를
말씀해 주십시오.
주님께서 저에게 한 뼘 길이밖에 안 되는 날을 주셨으니,
제 일생이 주님 앞에서는 없는 것이나 같습니다.
진실로 모든 것은 헛되고,
살아 있는 사람일지라도,
한낱 입김에 지나지 않습니다.

주님, 제 기도를 들어 주십시오.

삶의 무의미함을 느낄 때

제 부르짖음에 귀를 기울여 주십시오.
제 눈물을 보시고, 잠잠히 계시지 말아 주십시오.
저 또한 이곳저곳을 떠돌면서 주님과 함께 살아가는
나그네이기 때문입니다.
외로운 이의 기도를 들으시는
예수님의 이름으로 기도드립니다. 아멘.

오직 마음을 새롭게 함으로

롬 12:1-2

존귀하신 하나님,
이 시간 제 몸을 하나님이 기뻐하시는
거룩한 산 제물로 드립니다.

이는 제가 드릴 영적 예배입니다.

제가 사는 날 동안,

이 세대를 본받지 말고,

오직 마음을 새롭게 함으로 변화를 받아,

하나님의 선하시고 기뻐하시고 온전하신 뜻이

무엇인지 분별하도록 해주십시오.

예수님의 이름으로 기도드립니다. 아멘.

주님이 아니면

맨발의 성자 이현필

성부이신 주님,

제 삶의 근본이 되시며 삶의 의미가 되시는 주님이시여,

삶의 무의미함을 느낄 때

주님이 아니면 저에게는 삶의 목적도 없고,
의미도 낙도 광명도 없습니다.
주님 안에 삶의 목표가 있으며,
주님이 삶의 의미가 되십니다.
주님께서 제 안에 계심으로 제가 살았습니다.
제가 주님께로 가는 것이 저의 목적이고,
주님과 함께 의논하는 것이 저의 희망과 즐거움입니다.
지혜 있고 훌륭한 이로 사람들에게 알려지기보다는
차라리 미련한 이가 되어
주님 안에 있게 되기를 바랍니다.
죄를 깨닫고 자복하는 이가 될까요?
주님의 사유하심을 증거하는 이가 될까요?
주님의 깊은 뜻을 조금도 모르는 제가 아닙니까?
아시다시피 사람과 가까이 함으로 얻어질 것도 없고
도리어 신앙의 동요 덕에 손상이 있을지언정
도움은 조금도 없습니다.
단지 성부께만 가까이 나아갈 때
담대함과 용기와 능력과
지혜와 덕과 완전과 영생을 얻습니다.

목마른 사슴의 노래

주님,

저에게 회개를 주십시오.

생명 얻는 회개를 주십시오.

주님,

제 가슴에 탄식을 주십시오.

회개를 못해 탄식케 하십시오.

부끄러워할 줄 알게 하십시오.

제 죄를, 진정으로 제 어리석음을 내놓게 하십시오.

제 지혜를 버리게 하십시오.

제 주장 제 고집을 버리게 하십시오.

오직 주님 생각만 받아들이게 해주십시오.

주님만 모셔들이게 해주십시오.

주님의 주장으로 제 주장을 삼게 하시고,

주님의 뜻을 받들어 저의 뜻이 되게 하시고

주님의 지혜가 저의 지혜가 되게 하십시오.

주님의 애통이 저의 애통이 되기를 빕니다. 아멘.

삶의 무의미함을 느낄 때

232

목마른 사슴의 노래

영적인 갈망을 느낄 때

산 너머 저 하늘이 그리운 것은
멀고 먼 고향이 그립기 때문.
멀고 먼 고향이 그리운 것은
고향의 어머니가 그립기 때문.
고향의 어머니가 그리운 것은
어머니보다 더한 사랑이 없기 때문.

그렇습니다. 사람이 산다고 하는 것은 과연 기다림과
그리움 때문입니다. 흘러가는 시간을 의식할 때 인간은
가장 초조해지지요. 둥근 시계판 위를 맴돌듯 일상을 보
내며 그 틀 속에서 벗어나지 못하다가도, 어느 날 기다림

을 잉태하게 될 때 갑자기 길어진 시간의 흐름에 가슴 태
우기도 합니다. 인간에게 가장 긴 시간이 있다면, 그건
기다림의 시간일 것입니다. 세월을 헤아리는 고통의 시간
은 약속에 따른 기다림의 시간이지요. 어딘가에 나를 그
리워하며 기다리는 사람이 있다는 사실은 신명나는 일!
기다림과 그리움은 오롯한 마음의 등불입니다. 우리는 마
음에 꺼지지 않는 이 작은 등불을 밝혀야 합니다. 삶의
이유가 바로 거기 있기 때문이지요.

그러나 흔히 우리는 이성이 이성을 그리워하는 것만을
그리움으로 오해합니다. 물론 이성이 이성을 그리워하는
것도 그리움임에는 틀림이 없습니다. 그러나 인간의 그리
움은 그것으로 끝나지 않습니다. 인생의 좀더 본질적이며
근본적인 목마름이 있습니다. 그것은 창조주 하나님을
'만나 뵙고자' 하는 생명의 몸부림이지요.

사슴이 시냇물을 찾기에 갈급하듯이,
내 영혼이 하나님을 찾기에 목이 마르다.

목마른 사슴의 노래

시편 42편의 한 대목입니다. 이 얼마나 간절하고 절실한 생명의 부르짖음이며 몸부림입니까? "밤낮 눈물이 음식이 되리만큼" 하나님 찾기에 목이 마르고 고달팠던 시인의 마음, "어느 때에 하나님을 뵈올 것인가?" 하고 안타까워하며 초조해 하는 그의 심정, 그것이 타지 않는 듯이 타고 불 붙지 않은 듯이 불 붙는 신앙 아닐까요? '고달픈 영혼의 순례자'인 시인은, 인생의 깊디깊은 하소연을 지니고 목숨의 외로운 산길을 홀로 가는 나그네인 듯도 싶습니다. 그는 인간의 눈물이 무엇이며, 생명의 가장 본질적이고 근본적인 '갈증'이 무엇인가를 뼈저리게 느낀 고독한 인생입니다. 목사요 시인인 김경수에게서도 강력한 삶의 주제였듯이, 영혼에 대한 목마름, 이것이야말로 바로 오늘을 살아 가는 우리 시대 모두의 영적 갈망이지요.

　내 영혼이 목마릅니다. 알몸뚱이로 뙤약볕 속에 나앉은 내 목숨은 타오르고 있습니다. 여기저기 태풍 경보는 울려 오고, 열풍은 쉬지 않고 불어 옵니다. 차가운 날씨와 이런저런 소식을 접하면서 여전히 내일의 불확실함과 삶

●
영적인 갈망을 느낄 때때

의 무의미함을 느낄 때, 우리는 너무나 불안하고 외롭고 괴롭습니다. 목마른 이 영혼을 어디에서 축여야 할까요?

목마른 사슴의 노래는 곧 내 영혼의 노래입니다. 불안, 소외, 외로움, 우울증, 스트레스, 고통, 공허, 상실감, 슬픔, 분노, 질병, 의심, 이 모든 것들의 압제에서 벗어나려면 나는 어떻게 해야 할까요? 하나님을 향한 마음의 나침반이 필요합니다. 그렇습니다. 지금 이 때야말로 하나님의 도우심에 힘입어야 할 때입니다!

깊은 데서

시 130:1-8

주님, 제가 깊은 구렁 속에서 주님을 불렀습니다.
주님, 제 소리를 들어 주십시오.
저의 애원하는 소리에 귀를 기울여 주십시오.

주님, 주님께서 죄를 지켜 보고 계시면,
주님 앞에 누가 감히 버티어 설 수 있겠습니까?
용서는 주님만이 하실 수 있는 것이므로,
제가 주님만을 경외합니다.
제가 주님을 기다립니다.
제 영혼이 주님을 기다리며,
제가 주님의 말씀만을 바랍니다.
제 영혼이 주님을 기다림이

영적인 갈망을 느낄 때때

파수꾼이 아침을 기다림보다 더 간절합니다.
파수꾼이 아침을 기다림보다 더 간절합니다.

주님, 주님만을 의지합니다.
주님께만 인자하심이 있고,
속량하시는 큰 능력도 주님께만 있습니다.
오직 주님만이 저를 모든 죄에서 속량하시고,
깨끗하게 낫게 해주실 것입니다. 아멘.

22일 한낮기도

산 소망

벧전 1:3-9

우리 주 예수 그리스도의 성부 하나님,

하나님께 찬양을 드립니다.
하나님께서는 그 크신 자비로 저를 거듭나게 하시고,
예수 그리스도를 죽은 사람 가운데서 다시 살리심으로써,
저에게 산 소망을 안겨 주셨습니다.
그리고 저를 위하여 썩지 않고, 더러워지지 않고,
낡아 없어지지 않는 유산을 받게 하셨습니다.
이 유산은 저의 몫으로 하늘에 간직되어 있습니다.
하나님께서는 제가
마지막 때에 나타나기로 되어 있는 구원을 얻게 하시려고,
저의 믿음을 보시고,
그분의 능력대로 저를 보호하고 계십니다.

그러므로 하나님,
지금 잠시동안 제가 여러 가지 시련을 겪으면서
어쩔 수 없이 슬픔에 빠져 있더라도,
이것을 기뻐하게 해주십시오.
제가 믿음의 연단을 받아서 순수하게 되면,
불로 연단하여도 마침내는 없어지고 마는
금보다 더 귀한 것이 될 것입니다.

영적인 갈망을 느낄 때때

그러면 예수 그리스도께서 나타나실 때에,
제가 칭찬과 영광과 명예를 차지하게 될 것입니다.
저는 그리스도를 뵌 일이 없으면서도 사랑하며,
지금 그분을 뵐 수 없으면서도 믿으며,
말로 다 표현할 수 없는
영광과 즐거움을 바라보면서 기뻐하고 있습니다.
이것은 제가 믿음의 결과인
영혼의 구원을 받았기 때문입니다. 아멘.

가을의 기도

이현승

가을에는 기도하게 해주십시오.

모든 것이 맑아지는 때를 기다려
우리에게 겸허한 모국어를 채워 주십시오.

가을에는 청결하게 해주십시오.
여름 내 조성되었던 체증과 더러움을 맑히사
사회의 부패와 개인의 타성을 일소하여 주십시오.

가을에는 회개하게 해주십시오.
위정자와 온 국민이 저마다 허물을 통감하고
회개의 진실한 울음을 터뜨리게 해주십시오.

가을에는 열매 맺게 해주십시오.
열매가 생명 가진 것들의 마지막 풍속이라면
우리에게도 풍성한 성숙이 열리게 해주십시오.

가을에는 불타게 해주십시오.
단풍잎이 그 삶의 정점에서 불탈 때
우리도 사랑의 화신으로 불타게 해주십시오. 아멘.

영적인 갈망을 느낄 때때

목마른 사슴의 노래

23일

*

영성 생활의 필요를 느낄 때

부서져야 하리
더 많이 부서져야 하리
이생의 욕심이 하얗게 부서져
소금이 될 때까지

　김소엽은 〈바다에 뜨는 별〉을 본 순간 쏟아져 나오는
시정(詩情)을 주체할 수가 없었나 봅니다. 아마도 그녀는
이 감격스런 시적 운치를 놓치지 않으려, 맨발로 뛰쳐나
간 바닷가에서 바다에 뜨는 별을 헤며 밤을 지새웠는지도
모릅니다. 과연 이 시인이 노래하고 있는 것은 무엇일까
요? 세속의 때에 찌든 우리 영혼의 정화, 그래서 우리 인

243

●

영성 생활의 필요를 느낄 때

생의 정갈스런 참 모습을 회복하고자 하는 몸부림이 아닐까요?

영성 생활이란 것이 과연 무엇일까요? 도대체 영적인 삶을 산다는 것은 무엇을 의미하며, 또 어떻게 사는 것이 영적인 삶일까요? 우리는 들뜨고 흥분된 삶 한가운데서 가끔 이렇게 묻곤 하죠. '우리 삶 속에서 참된 소명은 무엇인가?' '하나님께서 부르시는 음성에 귀 기울일 수 있을 만한 마음의 평화는 어디에서 발견할 수 있는가?' '그 누가 우리를 우리 생각과 감정과 느낌의 내면적인 미궁에서 건져내 줄 수 있을 것인가?' 이런 종류의 여러 가지 질문은 영성 생활에 대한 강한 욕구를 표현해 주며, 나아가 우리가 영성 생활의 의미와 실제에 관해 매우 불분명하다는 사실을 잘 보여 주는 것들입니다.

영성 생활이라고 해서 그것이 우리의 일상적인 실존의 앞이나 뒤 또는 너머에 있는 삶은 결코 아닙니다. 오히려 영성 생활은 지금 여기서 우리가 겪고 있는 온갖 고통과

목마른 사슴의 노래

즐거움 한가운데 존재하는 것입니다. 그러므로 영성에 대한 우리의 갈급함을 좀더 제대로 인식하기 위해서는 먼저 우리가 시간마다, 날마다, 주마다, 해마다 어떻게 생각하고 말하고 느끼고 행동하는가를 주의 깊게 살펴 보아야만 합니다.

우리의 일상 생활에서 가장 명백하게 드러나는 특징 가운데 하나는 바로 우리가 바쁘다는 사실입니다. 우리는 해야 할 일들, 만나야 할 사람들, 마쳐야 할 과제들, 써야 할 편지들, 걸어야 할 전화들, 지켜야 할 약속들로 꽉 찬 하루하루를 살아 가고 있습니다. 우리의 삶은 종종 무얼 너무 많이 집어넣어서 그만 솔기가 터져 버린 짐가방처럼 여겨지기도 합니다. 사실 우리는 거의 언제나 계획들의 뒷전에 머무르는 것처럼 여겨지지요. 우리는 아직 끝마치지 않은 임무들, 이행하지 않은 약속들, 실행하지 않은 계획들이 남아 있다고 하는 성가신 기분을 안고 살아 갑니다. 우리는 늘 무언가를 기억해야만 하고, 행해야만 하며, 말해야만 합니다. 우리에겐 언제나 아직 말하지 못한, 편지를 보내지 못한, 방문하지 못한 사람들이 기다리고 있습니다. 따라서 우리는 아무리 바쁘게 움직이더라도 여전히 우리의 임무를 완벽하게 완수해 내지는 못했다고 하는 미련을 버릴 수가 없는 것입니다.

영성 생활은 우리 모두를 위한 하나님의 선물입니다. 영성 생활은 우리를 하나님의 사랑의 나라로 들어올려 주시는 성령의 은사입니다. 하지만 사랑의 나라로 들어올려지는 것이 신의 은사라는 이 말은, 결코 그 선물이 우리에게 주어질 때까지 수동적으로 기다리라는 말이 아닙니다. 예수님께서는 우리에게 말씀하시기를, 우리 마음을 그 나라에 두라고 하십니다. 우리 마음을 어딘가에 둔다는 것은 진지한 열망뿐만 아니라 굳센 결심까지도 포함하는 말입니다. 영성 생활에는 인간의 노력이 필요합니다.

"하나님의 나라에 들어가기가 얼마나 어려운가! ……누구든지 나를 따라 오려거든 자기를 부인하고 자기 십자가를 지고 나를 좇으라"(마가복음 10장 23절 ; 마태복음 16장 24절).

목마른 사슴의 노래

내가 평생에 기도하리로다

시 116:1-9

주님,
주님께서 저의 간구를 들어 주시기에,
제가 주님을 사랑합니다.
저에게 귀를 기울여 주시니,
제가 평생토록 기도하겠습니다.
죽음의 올가미가 저를 얽어 매고,
질병이 저를 엄습하여서,
고난과 고통이 저를 덮쳐 올 때에,
지는 주님의 이름을 부르며 외치렵니다.
"주님, 간구합니다.
이 목숨을 구하여 주십시오."

영성 생활의 필요를 느낄 때

주님,
제 영혼을 죽음에서 건져 주시고,
제 눈에서 눈물을 거두어 주시고,
제 발이 비틀리지 않게 하여 주십시오.
제가 생명의 세계에서
주님 보시는 앞에서 살게 해주십시오.
예수님의 이름으로 기도드립니다. 아멘.

성령의 열매

갈 5:16-26

복음을 듣고 믿게 하신 주님,
육체의 행실,

곧 음행과 더러움과 방탕과
우상 숭배와 마술과 원수맺음과
다툼과 시기와 분노와
이기심과 분열과 분파와
질투와 술취함과 흥청거리는 연회와
이와 비슷한 것들을 물리치고,
성령의 열매,
곧 사랑과 기쁨과 평화와
인내와 친절과 선함과
신실과 온유와 절제를 따르게 해주십시오.
허영에 들뜨거나,
노엽게 하거나,
질투하거나 하지 않도록 해주십시오.
성령으로 삶을 얻었으니,
성령의 인도 따라 살게 해주십시오. 아멘.

영성 생활의 필요를 느낄 때

영혼의 어두움

신현복

하나님,
지난 시간 동안 공연히 바쁘기만 했습니다.
복잡하기만 했습니다.
바쁘다는 것이 무슨 의미가 있습니까?
복잡하다는 것이 무슨 가치가 있습니까?

하나님,
산다는 것이 무엇입니까?
대체 만나고 헤어지는 게 무슨 의미가 있습니까?
하나님을 떠난 순간 순간이
모호하고 허망한 것임을 알게 해주십시오.

목마른 사슴의 노래

오 하나님,

하나님께서는 하나님의 피조물을

친절하게 다스리시며,

가장 지독할 정도로 비참한 가운데서도

신선한 희망을 제공해 주십니다.

절망으로 영혼이 어두워진 저를 위해 비오니,

하나님 사랑의 순전한 빛으로 저를 북돋워 주십시오.

제가 제 자신이 태어난 날을 저주하고

세상에서 잊혀지기를 갈망할 때,

저에게 새로 태어나는 기적을 드러내시어,

제가 하늘의 기쁨을 준비하게 해주십시오.

어두운 가슴마다 빛을 주시고,

낙심한 영혼 위에 힘을 주십시오.

하나님과 함께 울고,

하나님과 함께 웃는 영적인 삶 속에서

진정 인생의 의미와 목표를 발견하게 해주십시오. 아멘.

영성 생활의 필요를 느낄 때

목마른 사슴의 노래

24일

*

아버지 생각에 잠 못 이룰 때

그 날도 아버지의 호주머니를 뒤졌습니다. 어김없이 탄로가 났고, 계속되는 저의 행동에 너무나 화가 나신 아버지가 저를 향해 달려드셨지요. 순간, 저는 기겁을 하면서 있는 힘껏 도망을 쳤는데, 아버지는 끝까지 쫓아 오셨습니다. 뒤를 돌아다 보니, 아버지가 쫓아 오시다가 옆에 있는 갈퀴를 집어 들고 저를 향해 던지려 하시는 것이었습니다. 한 이십 미터쯤 거리가 되었는데, 저것이 날라와서 꼭 나에게 명중될 것 같은 예감이 들었습니다. 아니나 다를까, 여지없이 그 갈퀴가 도망치는 제 등에 명중되었습니다. 그러나 그 순간 아팠는지 어땠는지, 지금은 전혀 기억이 없습니다. 다만 지금 걸리면, 아버지의 분노로

253

보아 뼈도 못추리겠구나 하는 생각에 죽어라 더 도망을
쳤던 것 같습니다.

　얼마나 달렸을까요. 한참을 와 보니, 아버지의 모습이
안 보였습니다. 저는 안심을 하고, 마을 저 편에 있는 논
한가운데의 볏단 속으로 숨어 들어갔지요. 그리고, 그리
고, 한참을 거기서 지냈습니다. 울다가 놀다가, 또 울다가
놀다가……물론 혼자였지요. 겁이 나기도 하고, 서럽기
도 하고, 내가 왜 이러나 후회스럽기도 하고……. 그 좁
은 공간에서 한참을 숨어 있는데, 숨이 콱콱 막혀 왔지
요. 손에 짚이는 벼 이삭들을 뜯고 또 뜯으며 이 생각 저
생각 하던 끝에, 살그머니 바깥을 내다보았습니다. 석양
(夕陽)이었습니다. 그 해지는 광경이 그렇게 쓸쓸할 수가
없었습니다. 난 이제 어떻게 하나! 태어나서 처음으로 내
가 돌아갈 곳이 없다는 생각을 해본 것도 그 때였습니다.
　밤이 찾아 오기 시작하는데, 그 들판 한적한 곳에 오롯
이 나 혼자뿐이었습니다. 갈 데도 없었고, 지나가는 이도
없었습니다. 너무나 무서워지기 시작했지요. 완전히 칠흑

목마른 사슴의 노래

같은 밤이 되었는데도, 저는 그 볏단 곁에 웅크리고 앉아, 울 수밖에 없었습니다. 외로워서 울고, 서러워서 울고, 그리고는 무서워서 울고…….

　대학 시절, 부끄럽게도 저는 소명에 큰 회의를 갖게 되었습니다. 건강도 몹시 나빠져서, 모든 것이 귀찮고 의욕이 없고 짜증만 나는 심각한 탈진 상태에 빠진 거지요. 하루하루를 연명하다, 급기야 어느 날엔 만사를 제쳐 두고, 그냥 기차에 올라타고서는 시골로 내려와 버렸습니다. 그리고 며칠을 신음하며 앓았습니다. 아버지가 반대를 한 신학의 길인지라, 단식 십오 일만에 겨우 허락을 받은 신학을 중도에 이렇게 포기한다는 것은 참으로 어처구니 없는 행동이었습니다.

　"그래, 내 그럴 줄 알았다!" 이게 어버지의 말씀이실 줄 알았습니다. 그리고 불호령이 날 줄로 알았습니다. 그러나 아버지는 침묵만 지키셨습니다. 마음의 번민으로 며칠을 자다 말다 자다 말다 하며 앓고 있는데, 어느 날 밤 제 발 밑에서 묘한 느낌이 들었습니다. 끙끙 앓는 제 발을 아버지가 졸리우신 눈으로 뭐러뭐라 중얼거리시면서 주무르고 계신 것이었습니다. "주여, 주여……" 그것은 확실히 아버지였습니다.

　저는 그 순간의 감정을 어떻게 표현할 길이 없습니다. 어렸을 적, 술 드시고 오시면 밤새 다리를 주물러 드리느라, 원망도 많이 하고 좌절도 많이 했는데……. 그날 밤, 정반대로 아버지는 삶의 희망을 포기한 채 몸과 마음의 병을 앓고 있는 못난 아들의 발을 주무르고 계셨던 겁니다. 그렇게 멀게만 느껴지던 아버지와 나 사이를 가로지르는 그 무언가의 벽이 순간 와르르 무너지는 기분이었습니다.

목마른 사슴의 노래

오직 하나님을 앙망하는 이는

사 40:28-31

영원하신 하나님,

땅 끝까지 창조하신 이는 피곤치 아니하시며,

곤비치 아니하시며,

명철이 한이 없으시며,

피곤한 이에게는 능력을 주시며,

무능한 이에게는 힘을 더하시나니,

소년이라도 피곤하며 곤비하며,

장정이라도 넘어지며 자빠지되,

오직 하나님을 앙망하는 이는 새 힘을 얻으리니,

독수리의 날개치며 올라감 같을 것이요,

달음박질하여도 곤비치 아니하겠고,

걸어가도 피곤치 아니할 것입니다. 아멘.

아버지 생각에 잠 못 이룰 때

생각컨대 현재의 고난은

롬 8:14-23

자비하신 하나님, 우리의 아바 아버지,
피조물은 하나님의 자녀들이 나타나기를
간절히 기다리고 있습니다.
모든 피조물이 이제까지 함께 신음하며,
해산의 고통을 함께 겪고 있습니다.
저는, 현재 제가 겪는 고난이,
장차 저에게 나타날 영광에 견주면,
아무 것도 아니라고 생각합니다.
그뿐만이 아니라,
첫 열매로서 성령을 받은 저도 자녀로 삼아 주실 것을,
곧 제 몸을 속량하여 주실 것을 고대하면서,
속으로 신음하고 있습니다.

비오니, 저를 긍휼히 여겨 주십시오.
예수님의 이름으로 기도드립니다. 아멘.

아들과 딸의 기도

윌리엄 바클레이

오 하나님,
제게 가정과 부모님을 주셔서 감사합니다.

제가 어려서 스스로를 돌볼 수 없었을 때에
누군가 저를 보살펴 준 것,
스스로 돈을 벌어 생계를 유지할 수 있기 전에
나누어 받았던 음식과 의복과 집,

아버지 생각에 잠 못 이룰 때

우리 부모님이 제게 주신 교육의 기회들,
제가 상처받고 용기를 잃고 우울해 할 때에
가정으로부터 받았던 변함없는 사랑과 동정,
그리고 제가 태어나서부터 여태껏 받아 온
모든 사랑에 대하여 감사드립니다.

제가 자라면서 부모님을 속상하게 한 일이나
부모님으로부터 멀리 떨어져서
친숙하지 못한 적이 있었다면 모두 용서해 주십시오.

또 세월이 흐르면서
제가 부모님을 좀더 이해하고, 사랑하고,
더욱 가까워질 수 있었던 것에 대해서도 감사드립니다.
그러나 부모님이 제게 주신 것들을 감사하지 못하고
당연한 것이라고 생각했거나,
가정을 제가 필요한 대로만 생각해 받기만 하고,
부모님이나 다른 가족들을 위하여
아무 것도 한 것이 없다면 저를 용서해 주십시오.

목마른 사슴의 노래

때로 반항적이고, 화를 내고,
부모님께 순종하지 않고, 말도 안하고,
제 뜻대로만 하려고 하고,
인내하지 못했던 적이 있었다면,
모두 용서해 주십시오.

제가 부모님께 받은 것들을
모두 갚을 수는 없을지라도,
최소한 은혜를 갚으려고 노력하고
고마움을 표현하기 위하여
뭔가를 할 수 있도록 도와 주십시오.

제가 가정과 부모님을 훌륭하게 생각하고, 사랑하고,
또 그들을 사랑하고 있음을 충분히 보임으로써
언젠가 부모님이 세상을 떠나고 안 계실 때
뒤돌아보며 후회하는 일이 없두록 도와 주십시오. 아멘.

아버지 생각에 잠 못 이룰 때

●

목마른 사슴의 노래

25일
*

가정의 소중함을 잊고 살 때

조선 시대 태종 이방원과 그의 아들인 세자 양녕과의 관계를 다시 생각해 봅니다. 피로 얼룩진 역사를 인정하지 못하는 아들 앞에서, 방원은 스스로가 모든 것을 얻었다 생각했지만 사실은 얻은 것이 아무 것도 없음을 절감합니다. 왕이어도 못하는 것이 있습니다. 자식 때문에 임금도 눈물을 쏟습니다. 모든 것의 출발점인 가정에서부터 삐그덕거리는 소리가 나고 있기 때문입니다. 충분히 안아 주지 못했던 엄마, 병리적인 삶 속에서 참담한 피와 피의 연속을 강요한 아빠, 그 사이에서 양녕이 무엇을 보고 생각하며 자랐을까를 우리는 쉽게 짐작할 수 있습니다.

●

비판 속에서 자라는 아이
비난하는 걸 배우고,
적대감 속에서 자라는 아이
싸우는 걸 배우며,
두려움 속에서 자라는 아이
걱정부터 배운다.

우리는 건강한 인격이 형성되고 자라는 구체적인 장소, 곧 가정이라는 울타리에 특별한 관심을 갖지 않을 수 없습니다. 사랑이 있고 희망이 넘치는 생명 문화 운동은 가정에서부터 시작되어야 합니다. 오늘 우리가 하나님께 영광을 돌리고 인류에 봉사할 수 있는 최대 영역이 있다면, 가족 이기주의를 뛰어넘어 모두가 건강한 신앙적 가정을 이루도록 봉사하는 영역일 것입니다. 이 일은 결코 작은 일이 아닙니다. 인류의 미래가 달려 있는 중요한 일이지요. 결국, 모든 것은 가정에서부터 시작되기 때문입니다.

지구촌의 모든 학자들이 공감하는 것처럼, 무엇보다 중

목마른 사슴의 노래

요한 것은 젖먹이 시절에 충분히 좋은 엄마를 경험하는 것입니다. 심리학자인 에릭 에릭슨에 따르면, 유아는 생후 이 년간의 환경 여하에 따라 이 세상을 신뢰할 수 있는가 없는가 하는 것이 결정됩니다. 여기서 아이가 처한 환경의 일차적인 대상은 어머니와 아버지이지요.

태어난 지 얼마 안 된 아이의 정신은 백지와 같습니다. 어려서부터 부모가 "참 귀엽구나!"라고 말해 주면서 키운다면, 그 새하얀 곳에 스스로 귀엽다는 이미지를 그리며 성장할 수 있습니다. 그러나 "정말 멍청하구나!"라는 말로 키운다면, 그것이 그대로 뇌 속에 그려져 스스로 멍청하다는 의식을 갖고 성장해 가는 것입니다. 부정적인 언어는 강하게 어린아이의 마음 속에 침투해서, '멍청하다'는 한 마디가 열 번 말한 '귀엽구나'를 말소시켜 버리지요. 자녀들의 가슴에 평생 기록될 부모의 말, 그것은 사람을 살리는 말이 될 수도 있고 사람을 죽이는 말이 될 수도 있습니다. 가정의 소중함이 그 어느 때보다 강조되는 요즈음, 여러분의 가정은 과연 어떤 모습입니까?

●
가정의 소중함을 잊고 살 때때

제 잔이 넘치나이다

시 23:1-6

주님,
주님은 저의 목자,
전 이제 부족함이 없습니다!

주님,
주님께서는 저를 푸른 초장에 누이시며,
쉴 만한 물 가로 이끄십니다.
제 영혼을 소생시키시고,
주님의 이름을 위하여 의의 길로 이끄십니다.

제가 사망의 음침한 골짜기로 다닐지라도,
해를 두려워하지 않을 것은,

주님께서 저와 함께 하시기 때문입니다.
주님의 지팡이와 막대기가 저를 안위하십니다.

주님께서 제 원수의 목전에서
제게 상을 베푸시고,
기름으로 제 머리에 바르셨으니,
제 잔이 넘쳐 납니다.
저의 평생에 선하심과 인자하심이
정녕 저를 따르리니,
제가 주님의 집에 영원히 거할 것입니다. 아멘.

가정의 소중함을 잊고 살 때때

어린아이들을 안으시고

막 10:13-16

사랑의 주님,
어린아이들이 다가오는 것을
용납하시고 금하지 않으신 주님께 찬양을 드립니다.
하나님의 나라가 어린아이들의 것임을
일깨워 주셨으니 참으로 감사합니다.
"누구든지 하나님의 나라를
어린아이와 같이 받들지 않는 이는
결단코 들어가지 못하리라."
저도 어린아이와 같은 마음을 품게 해주십시오.
속히 몸과 마음의 건강을 회복하여,
순수하고 뜨거운 열정으로,
하나님 나라를 위해 섬기게 해주십시오.

어린아이들을 안으시고,
그들 위에 안수하시며 축복하신,
예수 그리스도의 이름으로 기도드립니다. 아멘.

어머니의 기도

윌리엄 바클레이

하나님,
하나님께서 제게 세상에서 가장 중요한 직분인
가정을 꾸미고 돌보는 일을 주셨음을
늘 기억할 수 있도록 도와 주십시오.

잠자리를 챙기는 일,

가정의 소중함을 잊고 살 때때

세탁·요리·청소·의복·수선,
시장을 보는 일 등에 지치고 실증이 날 때,
늘 이 사실을 기억하게 해주십시오.
그리고 똑 같은 일이 날마다 반복되는 것이 싫어지거나
육체적으로 피곤한 때에도
하나님이 맡기신 이 중요한 직분을
잊지 않게 보살펴 주십시오.

화를 내거나,
참을성이 없어지거나,
불안해하지 않으며,
늘 온화할 수 있도록 저를 붙들어 주시고,
제 남편과 아이들이
저를 필요로 한다는 것을 잊지 않으며,
또 제가 집안 일을 하는 것을
그들이 당연하게 생각하더라도,
그들 때문에 더 많은 일이 생기더라도,
그들이 저에게 신경 쓰지 않을 때에라도,
기분이 상하거나 화를 내지 않도록 도와 주십시오.

목마른 사슴의 노래

가족들이 편하게 쉬고
안락을 찾기 위하여 기꺼이 돌아올 수 있는
그런 가정을 꾸미게 하시고,
아이들이 자라나서 자신들의 가정을 꾸밀 때,
자기가 자라난 가정에 대하여
행복했던 기억만을 가질 수 있도록 도와 주십시오.
예수님의 이름으로 기도드립니다. 아멘.

가정의 소중함을 잊고 살 때때

272

목마른 사슴의 노래

아이에게 상처를 입혔을 때

얼마 전 텔레비전에서 〈아물지 않은 영훈이의 상처〉를 방영한 적이 있습니다. 친아버지와 계모가 자행한 아동학대의 끔직한 현장이었습니다. 누나는 며칠을 굶다가 사탕을 훔쳤다는 이유로 맞아서 죽었고, 동생 영훈이는 얼마나 맞았던지 온몸이 멍들고 찢기고 할퀴고 패여서 만신창이가 되어 있었습니다. 인간으로서, 그것도 친아버지가 그럴 수는 없는 것이었습니다. 말이 안 나왔습니다. 어떻게 일곱 살짜리 자식을 뜨거운 다리미로 지질 수가 있습니까? 세모 앞의 겁먹은 아이 영훈이, 아, 평생 악몽에 시달릴 그 어린 영혼의 상처를 생각하면 치가 떨립니다.

　세상에 사랑받지 못할 아이는 아무도 없습니다. 다만
사랑할 줄 모르는 부모가 있을 뿐입니다. 부부의 안정된
삶은 자녀들에게 긍정적인 삶의 밑그림을 그리게 합니다.
서로 다르다는 것을 인정하면 마음이 편합니다. 자녀도
실수할 권리가 있지요. 한 마디의 말을 들어 주는 것이
백 마디의 말로 타이르는 것보다 중요합니다. 자녀에게
보이는 무조건적인 관심은 부모의 빈 가슴을 채우려는 것
일 가능성이 많지요. 자녀의 행동은 부모의 거울입니다.
부모의 믿음이 자녀의 독립심을 기릅니다. 이웃과의 정다
운 생활은 자녀의 사회성을 키웁니다.

　자녀는 변화시켜야 할 대상이 아니고 이해해야 할 대상
입니다. 자녀는 강요하는 대로가 아니라 격려하는 대로
변해 갑니다. 자녀를 있는 그대로 보려면 부모의 기대를
내려 놓으십시오. 자녀에게 좋은 부모 역할의 하나는 용
납할 줄 아는 것이지요. 부모 자신의 성장과 변화를 위한
노력은 자녀를 위한 가장 좋은 교육 자세입니다. 자녀는
자신이 가정이라는 울타리 안에서 이해와 사랑을 받고 있

목마른 사슴의 노래

다고 느낄 때 생명의 활기를 얻습니다.

아이들이 유치원에 다닐 정도가 되면, 부모 이외에 친구나 선생님과 어떤 관계를 맺느냐에 따라 영향을 받습니다. 선생님 흉내를 내기도 하고, 친구들과 나누는 대화에 따라 큰 변화가 생기기도 하지요. 초등학교 아이들이 태연스레 내뱉는 잔혹한 언어에 섬짓하기도 합니다. 이상한 별명이 붙기도 하고, 코가 크다느니 귀가 작다느니 하며 웃음거리가 되기도 합니다. 그 때에는 모두 함께 웃고 있어도, 속으로 상처입는 어린이가 너무나 많습니다.

또한 이 시기부터는 "참 귀엽구나!"라며 키워 준 부모도 "왜 그렇게 멍청하니? 아둔한 놈! 그러면 훌륭한 사람이 못 돼!" 하며 여러 가지 꾸짖는 말을 하기 시작합니다. 어떤 부모는 "너 그러다가 도둑놈이 되겠구나!" 또는 "이 놈이 에미 죽일 놈이네?"라고 자녀의 인생의 미래를 단정짓듯이 말하기도 합니다. 물론 아이가 무엇인가 물건을 훔친 일이 있으면, 그것은 반드시 고치지 않으면

●
아이에게 상처를 입혔을 때때

안 됩니다. 그러나 아이의 선 자리에서 보았을 때, 전능자 같은 부모로부터 너는 도둑이 될 거라거나 너는 부모를 죽일 놈이라는 말을 들었다면, 그 아이가 자신의 자아상을 어떤 식으로 형성해 가겠습니까? 청소년기의 심각한 갈등에서 벗어나지 못하는 이들이나 각종 범죄를 저지른 이들의 어린 시절을 살펴보면, 놀랍게도 부모들에게서 말의 상처를 입고 자란 이들이 많음을 알 수 있습니다. 안타깝게도 배웠다는 현대 가정에서마저도 적지 않은 아이들이 실제로 이런 말을 듣거나 이런 취급을 받으면서 자라고 있으니 어쩌면 좋습니까?

목마른 사슴의 노래

신실한 자녀

시 86:1-7, 11-13, 15-16

주님, 저는 곤고하고 궁핍하오니,

귀를 기울여 제게 응답해 주십시오.

저는 경건하오니 제 영혼을 보존해 주십시오.

저의 주 하나님이시여,

주님을 의지하는 종을 구원해 주십시오.

주여, 저를 긍휼히 여겨 주십시오.

제가 종일 주님께 부르짖습니다.

주여, 제 영혼이 주님을 우러러 보오니,

주여, 제 영혼을 기쁘게 해주십시오.

주님은 선하시고, 용서하기를 즐기시며,

주님께 부르짖는 이에게

인자함이 후하시기 때문입니다.

아이에게 상처를 입혔을 때때

주님, 저의 기도에 귀를 기울이시고,
저의 간구하는 소리를 들어 주십시오.
저의 환난 날에 제가 주님께 부르짖으리니,
주님께서 제게 응답하실 것입니다.

주님, 주님의 길을 가르쳐 주십시오.
주님의 진실하심을 본받아서 살겠습니다.
제가 한마음으로 주님의 이름을 경외하겠습니다.

주 하나님, 제 마음을 다하여 감사드리며,
영원토록 주님의 이름에 영광을 돌리렵니다.
저에게 베푸시는 주님의 사랑이 크시니,
죽음의 골짜기에서도,
주님은 제 목숨을 건져 내셨습니다.
주님의 종에게 힘을 주시고,
주님의 신실한 자녀에게 치유의 손길을 베풀어 주십시오.
예수님의 이름으로 기도드립니다. 아멘.

목마른 사슴의 노래

아들의 병

요 4:46-54; 막 9:17-18; 10:13-16

물로 포도주를 만드신 주님,

주님께서는 또 한 번 가나에서 표적을 나타내셨지요.

왕의 신하에게 기회가 온 겁니다.

"내려오셔서 제 아들의 병을 고쳐 주소서.

주여, 제 아이가 죽기 전에 내려오소서."

주님의 말씀에는 능력이 있었지요.

"가라, 네 아들이 살았다!"

바로 그 순간 아이가 나았음을

사람들은 시간을 계산해 보고 알게 되었습니다.

주님,

아이에게 상처를 입혔을 때때

저에게도 그 신하에게 베푸신
능력의 말씀을 한 마디 해주십시오.
그 신하처럼 믿고 나아가게 해주십시오.
그래서 저와 온 집이 주님을 믿게 해주십시오.
예수님의 이름으로 기도드립니다. 아멘.

아이의 병상에서

아즈텍(15세기)

가장 힘이 강하신 주님,
날개 아래 보호하시고 피하게 하시는 이여,
주님은 볼 수도 없고 만질 수도 없는,
밤이나 공기 같습니다.

주님 앞에 모습을 나타내나,
신경질적인 불확실성으로 말을 더듬는 제 모습이,
마치 비틀거리다 길을 잃어 버린 사람 같습니다.
저의 잘못된 행위가 주님의 진노를 사서,
저에게 이렇게 분개하신 건 아닌지요?
그것이 저희 가정에 덮친 지독한 병에 대하여
제가 발견할 수 있는 유일한 설명입니다.
제 아이들의 비참함은 확실히 제 사악함의 결과입니다.

주님,
주님의 기쁘신 뜻대로 제 몸을 처리하십시오.
제가 감당해야 할 질병이라면 어떤 것이든지
제 위에 쌓아 주십시오.
제게 어떤 고난이나 어떤 모욕도 아끼지 마십시오.
제 자신의 행동 때문에 받는 벌을 참게 해주십시오.
그래서 제 자녀들이 건강과 행복을 되찾고,
불끈 일어나 주님의 의로운 길을 따르게 해주십시오.
저의 못난 자아를 죽이시고, 아이들을 살려 주십시오. 아멘.

281
●

아이에게 상처를 입혔을 때때

목마른 사슴의 노래

27일

*

젊은 날의 위기를 만났을 때

〈해리가 샐리를 만났을 때〉라는 영화를 보셨을 줄 압니다. 운명적인 그 만남을 통하여 서로를 이해할 수 있기까지, 때로는 고통도 오해도 외로움도 견뎌 내야만 했습니다. 우리 인생에서도 사춘기·십대·청소년기·청년기라고 일컬어지는 시기는 이처럼 광풍이 몰아치는 험한 바다와 같습니다. 아직까지 청소년기와 청년기를 혼용해서 부르는 것이 일반적이지만, 좀더 구체적으로 나누어 보는 것도 좋을 것입니다. 아무튼 이 때는, 인생의 계절로 보면, 꽃봉우리와 같은 시기입니다. 심리학자 홀이나 설리반은 청소년·청년기를 어린이와 성인 사이에 과도기적으로 위치한 '질풍노도의 시기'로 보았고, 에릭슨은 아동기와 성인기 사이의 '심리적 유예 기간'이라고 보았습니다. 인생의 전환기, 인생의 격동기, 제2의 탄생기라고도 하지요. 실제적으로 인생의 첫발을 내딛는 시기이면서, 동시에 아동기에서 성년기로 넘어가는 전환기인 것입니다. 그래서 이 시기가 인생의 위기(危機)라고 보는 것이지요.

더욱이 현대의 청소년들은 급변하는 사회 속에 거의 무방비 상태로 내던져져 있다고 보아야 합니다. 급속한 신체 발달과 인지 발달, 사회성과 정서 발달, 영성과 도덕성의 발달, 자아 정체감과 성 역할의 발달이 이루어지는 시기입니다. 이것은 소년과 소녀들이 솜털을 벗어던지고 성숙한 남자와 여자로 탈바꿈하는 과정인 것입니다. 호르몬 계통의 급격한 변화, 사회적·심리적 변화, 감정의 소용돌이, 이것저것 요구가 많은 외부 세계와의 싸움, 이성 문제, 친구 관계, 부모 의존과 독립 사이의 갈등, 입시에 대한 중압감……. 이 모든 변화가 한꺼번에 그리고 빠르게 일어나기 때문에 청소년들은 더욱 극심한 혼란을 겪지

●
목마른 사슴의 노래

요. 여기에다 혹 가정의 복잡한 문제라도 겹치게 되면 위기는 배가 됩니다.

위기를 겪는 젊은이들의 아우성 소리가 곳곳에서 들려옵니다. 감수성이 예민하고, 쉽게 동요하며 흥분하는 것이지요. 자기 내부에서 일어나는 갈등 때문에, 주위 사람들에게 지나친 반항과 난폭한 행위를 드러냅니다. 반항적인 자신의 행동이 쓸모없는 행위임을 스스로 알면서도, 반항하지 않을 수 없는 것이지요. 타인들과의 관계에서 심리적인 거리를 두고, 자꾸 자신들을 고립시키려는 경향도 있습니다. 이와 같은 격동기를 잘 통과하기 위해서는 주위 사람들의 세밀한 관심과 도움을 필요로 합니다.

위니캇이라는 대상관계 심리치료자는 청소년 비행이란 아이가 부모 사랑을 받았다 잃어 버린 결과 나타나는 반사회적 행동이라고 말합니다. 도둑질이라는 것도 도둑 맞은 부모 사랑을 되찾겠다는 몸짓이라는 거지요. 부드럽고 따스하며 수용해 주고 이해해 주는 어머니의 품을 잃어 버린 결과, 내 것 내놓으라는 호소를 청소년기에 그런 식

젊은 날의 위기를 만났을 때때

으로 하고 있는 겁니다. 또 아이들에게는 공격성을 표현하고자 하는 욕구가 있는데, 거기에 대하여 즉각적인 보복을 하지 않으면서도 결코 밀리지 않는 튼튼한 울타리 곧 '노우'(NO!)라고 말할 수 있는 한계가 필요합니다. 그런데 그 아버지의 울타리를 잃어 버림으로써, 청소년기에 왜곡되게 나타나는 것이 폭력이라는 것입니다. 통합되지 못한 자기 공격성과 인격이 그렇게 드러나는 것이지요.

그래서 무엇보다도 먼저, 청소년·청년의 문제를 긍정적으로 이해하는 것이 중요합니다. 문제가 있다면, 그것은 하나의 과정이지요. 다시 정상으로 돌아올 것입니다. 불안해 하지 말고, 여유있게 기다려 줄 수 있어야 합니다. 그들의 짜증과 분노, 외로움과 고민을 참고 담아 줄 수 있는 '그릇'(container)이 필요합니다. 말 한마디, 행동 하나로 그들에게 상처 입히기보다, 공감과 치유가 있는 생명의 장을 마련해 주는 것이 좋지 않을까요?

목마른 사슴의 노래

너는 내 것이라

사 43:1-3, 18-19, 25

창조주 하나님,
두려워 말게 해주십시오.
하나님께서 저를 구속하셨고,
하나님께서 저를 지명하여 부르셨나니,
저는 하나님의 것입니다.
제가 물 가운데로 지날 때에
하나님께서 함께 하실 것입니다.
강을 건널 때에 물이 저를 침몰치 못할 것이며,
불 가운데로 행할 때에 타시도 아니할 것입니다.
불꽃이 저를 사르지도 못하리니,
대저 하나님은 치유하시는 하나님이시요,
이스라엘의 거룩한 이시요 제 구원자이십니다.

젊은 날의 위기를 만났을 때때

하나님,
이전 일을 기억하지 말게 하시고,
옛적 일을 생각하지 말게 해주십시오.
하나님께서 행하실 새 일을 보게 해주십시오.
정녕 저의 죄를 기억하지 말아 주십시오.
예수님의 이름으로 기도드립니다. 아멘.

선한 목자

요 10:11-18

선한 목자이신 주님,
저와 같은 양들을 위하여 목숨을 버리셨으니,
진심으로 감사를 드립니다.

주님께서 저를 아시고
저도 주님을 아는 것이,
성부 하나님께서 주님을 아시고
주님께서 성부 하나님을 아는 것과 같습니다.

주님,
주님께서는 저를 위하여 목숨을 버리셨습니다.
또 우리에 들지 아니한 다른 양들을 이끄십니다.
성부 하나님께서 주님을 사랑하시는 것은,
주님께서 다시 목숨을 얻기 위하여
목숨을 버리셨기 때문입니다.
주님께서 스스로 버리셨습니다.
주님께는 버릴 권세도 있고,
다시 얻을 권세도 있습니다.
그 권세로 저를 온전히 치유하시고,
살아 있다는 생생한 느낌으로
건강한 삶을 살게 해주십시오. 아멘

자녀를 위한 기도

맥아더

주님, 이런 자녀를 주십시오.
약할 때 스스로를 분별할 수 있는 힘과
두려움 속에서도 자신감을 잃지 않는 대담성을 가지고,
정직한 패배에 부끄러워하지 아니하며,
승리에 겸손하고 온유한 자녀를 저에게 주십시오.

노력 없이 대가를 바라지 않게 하시고,
주님을 섬기며 주님을 아는 것이
지혜의 근본임을 깨닫게 해주십시오.

비오니 쉬운 안락의 길로 인도하지 마시고,
고난과 역경에 대해 분투 항거할 줄 알도록 해주십시오.

목마른 사슴의 노래

그리하여 폭풍우 속에서도 용감히 싸울 줄 알고,
패자를 불쌍히 여길 줄 알도록 하여 주십시오.
마음을 깨끗이 하고 목표가 고상하며,
남을 정복하려고 하기 전에
먼저 자기 자신을 다스릴 줄 알고,
미래에 도전하면서 과거를 잊지 않는 자녀를 저에게 주십시오.

그리고 나서 이에 더하여 비오니
유머를 알게 하시고,
항상 진지하되 자기 자신을 너무 중히 여기지 말며,
겸손한 마음을 갖게 하여 주십시오.

또한 참으로 위대한 것은 소박하다는 것과,
진실로 현명한 것은 솔직하다는 것,
그리고 참된 힘은 온유함이라는 것을 명심케 해주십시오.

그리하여 아비된 저로서도
"내 인생을 결코 헛되이 살지 않았노라."고
나직히 고백할 수 있도록 도와 주십시오. 아멘.

젊은 날의 위기를 만났을 때때

목마른 사슴의 노래

28일

*

중년의 위기를 느낄 때

세월이 흘러감에 따라 젊은 시절의 싱그러움은 퇴색해 가고, 가족을 부양하고 자녀를 양육하며 노년기의 부모를 봉양하고 직장이나 교회 및 사회에 대한 의무를 수행하느라 정신이 없는 것이 중년기입니다. 중년기에 접어들면서부터 남편과 아내는 저마다 자신의 모습을 돌이켜보고 지금 어디에 와 있는지, 또 어디로 가고 있는지에 대한 질문으로 고통과 회의와 혼란의 감정을 겪게 되지요. 지나간 세월을 아쉬워하면서 초라하게 변해 버린 자신의 모습을 발견하고 심각한 충격을 받기도 합니다.

중년기의 사람들은 지금까지 중요하게 여겨 왔던 많은

293

●

것들을 갑자기 상실해 버린 것 같은 허무한 느낌을 갖게
되는데, 자신의 가치 체계가 흔들리는 불안을 느끼며, 이
불안 때문에 사소한 일에도 지나치다 싶을 정도의 반응을
보이는 경향이 있습니다. 우리 사회는 건강 · 정력 · 매력,
그리고 젊음을 가장 중요하게 생각합니다. 그러기 때문에
오십 대에 들어선 사람들은 이미 자신들에게 좋은 시절은
다 지나갔다는 생각을 자주 하게 되지요. 그 증거가 너무
뚜렷하기 때문에 이러한 사실을 쉽게 부인할 수도 없습니
다. 얼마 전만 해도 거뜬히 즐길 수 있었던 격렬한 운동
경기들이 갑자기 너무 힘들어져서 더 이상 엄두가 안 날
때, 또 전에는 멀쩡했던 몸이 여기저기서 아프기 시작할
때, 그리고 계단이나 언덕이 훨씬 가파르고 높게 느껴질
때, 인생의 무상함을 느끼는 겁니다.

사십 대 문턱에 들어서면
바라볼 시간이 많지 않다는 것도 안다.
아니, 와 있는 인연들을 조심스레 접어 두고
보 속의 거울을 닦아야 한다.

294
●
목마른 사슴의 노래

뚜렷한 이유도 없이 가슴에 구멍이 뻥 뚫린 것 같은 느낌. 실존적 진공 상태. 젊음의 상실. 과거와 미래에 대한 끊임없는 질문. '나는 누구인가?' '내가 왜 그 일을 했을까?' '이것이 내 삶의 전부인가?' '나는 이제 어디로 가는 것일까?' 실패감, 죄책감, 우울증의 깊은 수렁.

이 중년기를 어떻게 이해하고 치유해야 할까요? 어떻게 이 텅빈 구멍을 채울 수 있을까요? 인간의 정신 세계를 깊이 분석했던 융에 따르면, 중년기가 되면 지금까지 외부로 향했던 생명 에너지의 흐름이 내면으로 바뀌게 됩니다. 이것은 무의식의 세계에서 자연스럽게 진행되지요. 이런 생명 에너지의 방향 전환은 그 목표를 의미있는 삶과 영적인 삶에 둡니다. 그래서 심층심리학자 융은 인간이 나이 40이 되면, 모든 문제가 영적인 것과 관련된다고 간파하고 있지요. 이 중년기에 접어들었으면서도 자기 생(生)의 나침반이 어디로 놓여 있는지조차 깨닫지 못하는 사람은 지금까지 살아온 대로 외적인 방향에서 생의 욕망을 채워보려 하는데, 그것은 인생의 창조 순리를 거스르

중년의 위기를 느낄 때을

는 것이 됩니다.

　가장 중요한 것은 하나님과의 관계입니다. 하나님이 중년을 붙잡아 주시기를 간구하십시오. 중년기는 하나님을 찾아야 할 때입니다. 중년기는 신심이 가장 깊어지는 때입니다. 용기를 갖고 청년을 연습하십시오. 그 때 더욱 푸르고 아름다운 중년의 나를 만날 수 있게 될 것입니다.

목마른 사슴의 노래

네 눈물을 보았노라

사 38 : 1-22

히스기야의 병을 치료하신 주 하나님,

저는 한창 나이에

죽음의 문으로 들어가는가 싶었습니다.

남은 여생을 빼앗긴다는 생각도 들었습니다.

저는 또 이런 생각도 들었습니다.

'내가 다시는 주님을 뵙지 못하겠구나.

사람이 사는 땅에서는

다시는 주님을 뵙지 못하겠구나.

내가 다시는,

세상에 사는 사람 가운데서 단 한 사람도 볼 수 없겠구나.'

주님, 저는 제비처럼 학처럼 애타게 소리 지르고,

중년의 위기를 느낄 때을

비둘기처럼 구슬피 울었습니다.
저는 눈이 멀도록 하늘을 우러러보았습니다.
주님, 저는 괴롭습니다.
이 고통에서 저를 건져 주십시오!
저의 영혼이 번민에 싸여 있으므로,
제가 잠을 이룰 수 없습니다.

주님, 주님을 섬기고 살겠습니다.
주님만 섬기겠습니다.
저를 낮게 하여 주셔서, 다시 일어나게 해주십시오.
이 아픔이 평안으로 바뀔 것입니다.
이 몸을 멸망의 구덩이에서 건져 주시고,
저의 모든 죄를 용서해 주십시오.

주님, 저의 병을 낫게 하여 주십시오.
그리하면 제가 수금을 뜯으며, 주님을 찬양하겠습니다.
사는 날 동안,
주님의 성전에서 주님을 찬양하겠습니다. 아멘.

목마른 사슴의 노래

그리스도의 고난이 우리에게 넘친 것같이

고후 1:3-7

위로의 하나님,
하나님께 찬양을 드립니다.
하나님께서는 우리 주 예수 그리스도의 하나님이시요,
자비로우신 아버지이십니다.
제가 온갖 환란을 당할 때에
하나님께서는 저를 위로하셔서,
온갖 환란 가운데 있는 이들을
위로할 수 있게 하십니다.
그리스도의 고난이 저에게 넘친 것과 같이,
그리스도로 말미암아 받는 위로도 저에게 넘칩니다.
제가 환란을 당하는 것도
더 큰 환란을 당한 이들을

중년의 위기를 느낄 때을

위로하고 구원하려는 것이며,
제가 위로를 받는 것도
더 큰 위로가 필요한 이들을 위로하기 위해서입니다.
이 위로로, 사람들은 제가 당하는 것과 똑같은
고난을 견디어 냅니다.
제가 그들에게 거는 희망은 든든합니다.
그들이 고난에 함께 참여하는 것과 같이
위로에도 함께 참여하고 있기 때문입니다. 아멘.

28일 저녁기도

기분

조지 애플리톤

오 나의 주님,

제가 우울하고,
불안하고,
분노에 사로잡혀 있을 때,
이렇게 묻게 해주십시오.

"오 나의 영혼아,
너는 어찌하여 그리 무거우며,
너는 어찌하여 내 안에서 그리 소란스러우냐?"

대답을 주시어
내 기분의 원인을 깨닫고,
그것을 쫓아 내게 하시어,
제가 제 상처를 용서하고,
주님만을 바라보게 해주십시오. 아멘.

중년의 위기를 느낄 때을

목마른 사슴의 노래

29일

*

노년에 이르렀을 때

　요즘 주말 밤 텔레비전을 보면, 그 시끄럽던 십대들의 괴성이 사라지고 온 가족이 즐길 수 있는 신선한 코너들이 생겨나는데, 참 바람직한 것 같습니다. 특히 시골의 할아버지 할머니를 중심으로 펼쳐지는 '고향에서 온 편지'는 너무 재미있으면서도 감동적이어서 그 어떤 코미디나 휴먼 드라마보다도 더 가슴 따뜻하게 다가옵니다. 간혹 가출한 부모 때문에, 또는 어려운 요즘 아버지의 사업 실패로 시골 할머니 집에 와 있는 아이들의 애절한 호소를 들으며 왜 그렇게 눈물이 나는지요. 그런데 거기 나오는 할머니 한 분이 지나가는 얘기로 한 마디 던지신 말씀이 가슴에 박혔습니다. 사회자의 "오래오래 사세요!"라는

노년에 이르렀을 때

인사에, "오래 살믄 뭐혀, 살만치 살았는디, 인자 죽어야제. 젊은 것들이 찾아오지도 않고, 손주들 하는 말도 영 못 알아 듣것고……"

현대 사회에서는 65세를 전후로 인생의 홍역을 앓고 있는 이들이 있습니다. 기약 없는 죽음의 공포, 신체적인 변화, 역할의 상실, 관계의 해체, 존엄성의 상실, 그리고 가슴을 파고드는 소외와 고독. 바로 노인들의 이야기입니다. 그러나 인생의 후반기는 결코 하향길이 아닙니다. 이때야말로 새로운 인격의 통합을 이루는 절정의 시기입니다. 노년은 자기 자신의 내적 세계를 발견하는 기회입니다. 노년은 상향도 하향도 아닌 인생 발전을 향한 전진의 시기이지요. 인간이 늙어 가는 것을 상실이나 하향이나 쇠퇴로 보는 현대 산업사회의 시각과 다소 차이가 있음을 알 수 있습니다.

모든 사람은 늙습니다. 그리고 그 노년의 아픔은 클 수밖에 없습니다. 하지만 그 아픔 속에서도 새로운 기쁨을 만들어 낼 수 있는 능력이 깃들어 있는 때가 노년기입니

●
목마른 사슴의 노래

다. 노년이 되어서도 젊었을 때와 똑같은 힘이나 업적을
수행하여 만족할 만한 인정을 받을 수는 없습니다. 이 시
기에는 젊은 시절과는 다른 만족을 추구해야 하지요. 지
혜롭기만 하다면 얼마든지 노년을 즐길 수 있습니다.

　무엇보다도 먼저, 노년기에 접어든 사람이나 막 노년기
에 들어서는 사람들은 죽음을 현실로 받아들일 수 있어야
합니다. 또 노년기는 평생을 바쳐서 일해온 직업에서 은
퇴하는 시기이므로, 심리적 긴장 때문에 불안과 짜증과
이유를 알 수 없는 분노가 생기는 때입니다. 마음으로부
터 들어 주고 받아 줄 수 있는 분위기가 필요합니다. 노
인을 노인으로 만드는 것은 그가 의미를 느낄 수 있는 역
할이 없기 때문입니다. 노년의 즐거움은 누군가에게 자신
을 줄 수 있을 때 얻어지는 것이지요. 그래서 보봐르 여
사는 "늙는다는 것이 인생의 가장 안타깝고 슬픈 일이 되
지 않기 위한 한 가지 방법은, 인생에 대한 의미를 부여
할 수 있는 목적을 추구하는 길밖에 없다."고 말하는 것
이 아닐까요? 추억을 되새기는 일, 사랑을 하고 사랑을

노년에 이르렀을 때

받을 수 있는 인간 관계를 형성하는 일, 운동을 계속하는
일 등도 노년기 성장에 중요한 요소입니다.

　결국, 현대 사회는 진정으로 위로하며 붙들어 주는 신
뢰 관계 속에서, 공감적 이해와 긍정적 존중, 주의 깊은
청취를 통하여, 노인도 돕고 자신도 돕는 아름다운 공동
체가 되어야 할 것입니다.

목마른 사슴의 노래

우리 날 계수함을 가르치사

시 90:1-10, 12

주님,

주님은 대대로 저의 거처이셨습니다.

산들이 생기기 전에,

땅과 세계가 생기기 전에,

영원부터 영원까지,

주님은 하나님이십니다.

주님께서는 사람을 티끌로 돌아가게 하시고,

"죽을 인생들아, 돌아가거라." 하십니다.

주님 앞에서는 천 년도 지나간 어제와 같고,

밤의 한 순간과도 같습니다.

주님께서 생명을 거두어 가시면,

인생은 한 순간의 꿈일 뿐,

307

노년에 이르렀을 때

아침에 돋는 한 포기의 꿈과 같을 따름입니다.
아침에 돋아나서 꽃을 피우다가도,
저녁에는 시들어서 말라 버립니다.

주님,
주님께서 노하시면 제 삶이 끝이 나고,
주님께서 노하시면 저는 스러지고 맙니다.
주님께서 제 죄를 주님 앞에 내놓으시니,
저의 숨은 죄가 주님 앞에 훤히 드러납니다.
주님께서 노하시면 제 일생은 사그러지고,
저의 한평생은 한숨처럼 스러지고 맙니다.
인생의 연수가 칠십이요 강건하면 팔십이라도,
그 연수의 자랑은 수고와 슬픔뿐이요,
빠르게 지나가니, 마치 날아가는 것 같습니다.
저에게 저의 날 계수함을 가르쳐 주셔서,
지혜의 마음을 얻게 해주십시오.
예수님의 이름으로 기도드립니다. 아멘.

목마른 사슴의 노래

우리가 넉넉히 이기느니라

롬 8:31-39

위대하신 하나님,

만일 하나님이 저를 위하시면

누가 저를 대적하겠습니까?

누가 저를 그리스도의 사랑에서 끊겠습니까?

환난이나, 곤고나, 핍박이나,

굶주림이나, 헐벗음이나, 위협이나, 칼이겠습니까?

그러나 이 모든 일에

저를 사랑하시는 이로 말미암아

저는 넉넉히 이길 것입니다.

저는 확신합니다.

죽음이나, 삶이나,

천사들이나, 권세자들이나,

309

노년에 이르렀을 때

현재 일이나, 장래 일이나,
능력이나, 높음이나, 깊음이나,
다른 아무 피조물이라도,
저를 우리 주 그리스도 예수 안에 있는
하나님의 사랑에서 끊을 수 없습니다. 아멘.

늙어 가는 소리

조지 애플리톤

주님, 저는 늙어 가고 있습니다.
예전보다 행동이 굼뜨고, 기억력도 신통치 않습니다.
노년의 무능력과 초조함이 저를 압도해 옵니다.
웃기는 이야기라고 열심히 했는데,

곰곰 생각해 보면, 전에 했던 이야기들입니다.
사랑했던 이들과 친구들이
이승과 저승의 문턱을 넘나들며
하나씩 하나씩 사라져 갑니다.
주 하나님, 기도 안에서
제가 그들과, 그리고 그들이 저와
만날 수 있는지 감히 여쭙고 싶습니다.
저희에게 사랑을 가져다 주신 성자께서,
우리의 사랑을 그들에게
전달해 줄 수 있도록 해 주십시오.
그분은 지금도 이 창조 세계와
생명으로 충일한 세계에
널리 영향을 미치시기 때문입니다. 아멘.

노년에 이르렀을 때

목마른 사슴의 노래

30일

*

죽음을 받아들일 수 없을 때

인간은 누구나 태어나는 순간부터 죽음의 관문을 향해 달려가고 있다고 해도 과언이 아닙니다. 그 죽음의 관문은 누구에게나 예외 없이 다가옵니다. 그 죽음의 관문이 어느 순간 어떤 모습으로 나에게 다가올지 아무도 예측할 수가 없습니다. 또한 그 죽음을 미리 경험해 보거나 연습해 볼 수도 없습니다. 아무리 내가 사랑하는 사람이라도 그 죽음을 대신해 줄 수 없는 엄숙한 생의 관문이기도 합니다. 그렇기 때문에 죽음은 인간에게 두려움의 대상임을 감출 길이 없습니다.

우리 모두가 피할 수 없는 이 죽음의 관문, 그렇지만

나 자신만은 그 생의 법칙에서 제외되는 것처럼 살아 가고 있는 것이 또한 우리 인간이지요. 그러다가, 바로 어제까지만 해도 건강하고 희망에 차 있던 절친한 친구나 부모 형제가 갑자기 죽는 것을 봅니다. 충격과 불안을 경험하고, 죽음의 문제가 나와 멀리 떨어진 문제가 아님을 새삼 생각하게 됩니다. 어떤 사람은 며칠 사이에 갑자기 희어진 자기의 머리카락을 보면서, '죽음의 사자가 나에게 다가오고 있구나!'라고 섬뜩함을 느꼈다고 합니다.

시카고대학 부속병원의 정신과 의사였던 엘리자벳 퀴블러 로스가 1968년부터 2년 반에 걸쳐, 암센터에 입원해 있는 환자들 200명을 관찰하고 면담한 결과를 과학적으로 분석하고 정리해서, 〈죽음에 관하여〉(On Death and Dying)라는 이름으로 책을 냈는데, 그 책이 대단한 화제를 불러일으킨 적이 있습니다. 그 내용은 환자가 처음 암으로 진단받았을 때부터 죽음에 이르기까지 감정적·정서적·육체적 변화를 집중적으로 연구한 것입니다. 대체로 암으로 진단을 받고 죽음을 맞을 때까지 환자들은 다음과 같은 다섯 단계의 변화를 겪는다고 보고하고 있습니다.

　첫번째 단계는 부정하고 고립되는 단계입니다. '그럴 리가 없어!' '의사의 진단이 잘못되었을거야!' 두번째 단계는 분노의 단계입니다. '도대체 하필이면 왜 내가 이 병에 걸려야 하지?' '하나님, 왜 저입니까?' (Why Me?). 세번째 단계는 타협의 단계입니다. '내 아들이 장가들 때까지만 살게 해주시면, 남은 인생을 하나님께 바치겠습니다.' 네번째 단계는 절망의 단계입니다. '이제는 내 차례가 되었구나!' 마지막 단계는 수용의 단계입니다. 이 단계에 접어들면, 환자는 체념하면서 죽음을 피할 수 없는 운명으로 받아들입니다. 그리고 자신의 죽음과 그 이후의 일을 차근차근 준비하게 되지요.

　이 다섯 단계의 반응은 죽음을 맞이하고 있는 당사자뿐만 아니라, 여러 가지 삶의 위기를 겪고 있는 이들이나 그들 주변에 있는 이들에게 중요한 이해를 제공해 주는 자료여서, 우리 모두가 잘 살펴볼 필요가 있습니다. 신앙

죽음을 받아들일 수 없을 때때

적인 이해나 교육을 통하여, 죽음이나 위기에 대해서도 미리 준비하고 있는 것이 우리 그리스도인에게는 꼭 필요합니다. 고린도전서 15장 55절을 담대하게 외쳐 봅시다.

죽음아, 너의 승리가 어디에 있느냐?
죽음아, 너의 독침이 어디에 있느냐?"

하나님께서는 예수님의 죽으심과 부활하심을 통해, 죄와 사망의 법칙을 이기시고, 새로운 생명을 주셨습니다 (로마서 8:2). 아담 안에서 모든 사람이 죽는 것과 같이, 그리스도 안에서 모든 사람이 생명을 얻게 된 것입니다" (고린도전서 15장).

풀은 마르고 꽃은 시드나

사 40:1-11

위로의 주 하나님,

어서 오십시오!

광야에 주님께서 오실 길을 닦으렵니다.

사막에 하나님께서 오실 큰길을 곧게 내렵니다.

모든 계곡은 메우고,

산과 언덕은 깎아 내리고,

거친 길은 평탄하게 하고,

험한 곳은 평지로 만들렵니다.

주님의 영광이 나타날 때,

모든 사람이 그것을 함께 볼 것입니다.

주님,

317

죽음을 받아들일 수 없을 때때

모든 육체는 풀이요,

그의 모든 아름다움은 들의 꽃과 같을 뿐입니다.

주님께서 그 위에 입김을 부시면,

풀은 마르고 꽃은 시듭니다.

그렇습니다.

저는 풀에 지나지 않습니다.

풀은 마르고 꽃은 시드나,

하나님의 말씀은 영원히 서 있습니다.

만군의 주 하나님,

어서 오십시오!

권세를 잡고 친히 다스려 주십시오.

목자 같이 양 떼를 먹이시며,

어린 양들을 팔로 모으시고 품에 안으시며,

젖을 먹이는 어미 양들을

조심스럽게 이끄시는 하나님을 기다리오니,

몸이 아파 누워 있는 저에게

어서 속히 오십시오!

예수님의 이름으로 기도드립니다. 아멘.

목마른 사슴의 노래

능히 도우시느니라

히 2:14-18

구원의 하나님,

하나님의 자녀들이 피와 살을 가진 사람들이기에,

그리스도께서도 역시 피와 살을 가지셨습니다.

그것은, 그분이 죽음을 겪으시고서,

죽음의 세력을 쥐고 있는 자 곧 악마를 멸하시고,

또 일생동안 죽음의 공포 때문에

종노릇 하는 사람들을 해방하시기 위함입니다.

그러므로 그분은 모든 점에서

그분의 형제자매들과 같아지셔야만 했습니다.

그것은, 그분이 하나님 앞에서

자비롭고 성실한 대제사장이 되심으로써,

백성의 죄를 대속하시기 위함입니다.

죽음을 받아들일 수 없을 때때

그분은 몸소 시험을 받아서 고난을 당하셨으므로,
시험을 당하는 이들을 도우실 수 있습니다. 아멘.

죽음

조지 애플리톤

오 하나님,
하나님의 피조물인 저희는
죽음의 사실을 면하려고 애를 쓰고,
그것을 일부러 맘에 두려 하지 않지만,
내면 깊은 곳에서
저희는 그것이야말로 경고의 징표이며,
저희의 온갖 이기심과 죄에 대하여

날마다 죽으라는 촉구임을 알고 있습니다.
저희가 마지막으로 이 땅을 떠날
시간이 다가올 때,
저희가 큰 걸음으로 죽음을 취하는 이유는,
삶이 하나님의 성자이시요,
우리의 형제이신 예수 그리스도,
곧 너무도 명백히 하나님의 참 성자이시고
너무도 확실히
궁극적 인류의 원형이신 그분 안에서처럼,
저희 안에서도 그토록 강렬하기 때문입니다. 아멘.

죽음을 받아들일 수 없을 때때

목마른 사슴의 노래

31일

*

인생의 행로를 묻고 싶을 때

오선지에 음계를 따복따복 그려 넣는 모습을 떠올려 봅니다. 때론 힘있게, 때론 가볍게. 때론 고요하게, 때론 장엄하게. 마음의 노래가락이 하나씩 둘씩 오선지에 수놓아집니다. 창조의 기쁨과 흥분, 아름다움의 전율과 감동! 도레미파솔라시, 오선지 위에 그려지는 음악 예술의 7음계는 우리의 인생 행로(行路)를 그대로 비추어 주는 듯합니다. 단계마다 아름다운 영혼의 울림 속에서 절묘한 선율을 자아내는 인생의 음계가 귓가에 아련히 들려 옵니다.

도·도도도·도토리 나무
레·레레레·레몬의 빛깔

저는 요즘 제가 맡은 일과 관련하여 기차를 많이 이용하고 있습니다. 보통 일 주일에 한 번씩은 목포로, 부산으로, 대구로, 전곡으로, 강릉으로 어디든 달려가고픈 마음입니다.

기차를 타면 참 생각이 많아집니다. 창밖에 펼쳐지는 자연 경관을 보며, 그 동안 하늘 한 번 제대로 볼 여유가 없이 뭐가 그리 바빴는지 반성도 해봅니다. "이랴, 자랴!" 소를 몰며 논을 가는 아버지, 뭐가 그렇게 재밌는지 냇가에서 물장구를 치고 있는 동네 꼬마녀석들, 저 쪽 비탈진 산허리에서 머리에 수건을 두른 채 나란히 밭을 매는 어머니들의 목가적인 풍경이 눈에 들어 오면, 웬지 가슴이 뭉클하고 눈시울이 붉혀지기도 하고 열심히 살아야겠다는 다짐도 해보지요. 기차가 어두운 터널을 통과할 때면, 고달팠던 지난날이 새삼 떠오르고, 그 때에도 나와 함께 하셨던 주님께 감사를 드리는 일도 참 행복하지요.

그런데 매번 기차여행을 끝내고 서울로 돌아오는 길이면, 으레 생각하는 게 있습니다. 그것은 서울역 가까이에 이르

목마른 사슴의 노래

렸을 때 들려오는 새마을호 안내 방송에서 비롯되었지요.

　여러분은 지금 어디를 향해 가십니까?
　여러분의 목적지는 어디입니까?

　처음에는 무심코 듣다가, 어느 날부터인가 그것이 참 의미있는 말이라고 여겨졌습니다. 길면 팔십, 짧으면 칠십이라는 이 인생길에서, 나는 지금 어디를 향해 가고 있는가? 나의 인생 행로에서 과연 목적지는 어디인가? 그 한 마디 한 마디가 예사롭지 않았습니다. 그것은 젊은 날 인생의 한복판에서 영혼의 그림자를 안고 삶의 고투를 벌이고 있는 여러분에게도 절실하게 와닿는 이야기가 아닐까요? 이 문제를 풀어야만 궁극적으로 삶의 의미를 가지고 확신에 찬 걸음을 내딛을 수 있지 않을까요? 그 기차간의 안내 방송이 지금 여러분 위에 메아리치고 있습니다.

　여러분, 여러분의 인생에도 방향이 있습니다.
　여러분은 지금 어디를 향해 가고 계십니까?

인생의 행로를 묻고 싶을 때때

천하에 범사가 기한이 있고

전 3 : 1-15

주님,
천하에 범사가 기한이 있고,
모든 목적이 이룰 때가 있습니다.

날 때가 있고, 죽을 때가 있으며,
심을 때가 있고, 뽑을 때가 있으며,
죽일 때가 있고, 치료시킬 때가 있으며,
헐 때가 있고, 세울 때가 있으며,
울 때가 있고, 웃을 때가 있으며,
슬퍼할 때가 있고, 춤출 때가 있으며,
돌을 던져 버릴 때가 있고, 돌을 거둘 때가 있으며,
껴안을 때가 있고, 안는 일을 멀리 할 때가 있으며,

●

찾을 때가 있고, 잃을 때가 있으며,
지킬 때가 있고, 버릴 때가 있으며,
찢을 때가 있고, 꿰멜 때가 있으며,
잠잠할 때가 있고, 말할 때가 있으며,
사랑할 때가 있고, 미워할 때가 있으며,
전쟁할 때가 있고, 평화할 때가 있습니다.

주님,
사람이 애쓴다고 해서,
이런 일에 무엇을 더 보탤 수 있겠습니까?
이제 보니, 이 모든 것은,
하나님께서 사람에게 수고하라고 지우신 짐입니다.
하나님께서는 모든 것이
제때에 알맞게 일어나도록 만드셨습니다.
더욱이, 하나님께서는 사람들에게
과거와 미래를 생각하는 감각을 주셨습니다.
그러나, 사람은,
하나님이 하신 일을 처음부터 끝까지
다 깨닫지는 못하게 하셨습니다.

인생의 행로를 묻고 싶을 때때

이제 저는 깨닫습니다.
기쁘게 사는 것,
살면서 좋은 일을 하는 것,
사람에게 이보다 더 좋은 것이 무엇이겠습니까?
사람이 먹을 수 있고, 마실 수 있고,
하는 일에 만족을 누릴 수 있다면,
이것이야말로 하나님께서 주신 은총입니다.
이제 저는 알았습니다.
하나님께서 하시는 모든 일은 언제나 한결같습니다.
거기에다가는 보탤 수도 없고 뺄 수도 없습니다.
하나님께서 이렇게 하시니
사람은 그분을 두려워할 수밖에 없습니다.
지금 있는 것 이미 있는 것이고,
앞으로 있을 것도 이미 있는 것입니다.
하나님께서는 하신 일을 되풀이하십니다.
이 비밀을 깨닫게 하시니 감사합니다. 할렐루야!

목마른 사슴의 노래

만물을 새롭게

계 21:1-7

처음과 마지막이신 하나님,
사도 요한에게 계시해 주신 것처럼,
저에게도 새 하늘과 새 땅을 보여 주십시오.
이전의 하늘과 이전의 땅이 사라지고,
바다도 없어지는 것을 보게 해주십시오.
또 거룩한 도시 새 예루살렘이
남편을 위하여 단장한 신부와 같이 차리고,
하늘에서 내려오는 것을 보게 해주십시오.

알파와 오메가이신 하나님,
사도 요한에게 들려 주신 것처럼,
저에게도 보좌에서 울려 나오는 큰 음성을 들려 주십시오.

인생의 행로를 묻고 싶을 때때

"보아라, 하나님의 집이 사람들 가운데 있다.
하나님께서 그들과 함께 계실 것이요.
그들은 하나님의 백성이 될 것이다.
하나님께서는 친히 그들과 함께 계시고,
그들의 눈에서 모든 눈물을 닦아 주실 것이니,
다시는 죽음이 없고,
슬픔도 울부짖음도 고통도 없을 것이다.
보아라, 내가 모든 것을 새롭게 한다.
기록하여라, 이 말은 신실하고 참되다.
다 이루었다.
나는 알파와 오메가, 처음과 마지막이다.
목마른 사람에게는 생명수 샘물을 거져 마시게 하겠다.
이기는 사람은 이것들을 상속받을 것이고,
나는 그의 하나님이 되고, 그는 내 자녀가 될 것이다."

오 하나님, 말씀대로 이루어 주십시오.
보여 주신 대로 이루어 주십시오.
어서 오시어, 저의 하나님 되심을 만방에 알려 주십시오.
예수님의 이름으로 기도드립니다. 아멘.

목마른 사슴의 노래

영원한 양식

존 헨리 뉴만(1801-1890)

오 나의 하나님,

하나님은 옛적부터 계셨으나 늘 새로운 분이십니다.

하나님은 홀로 영원한 양식이십니다.

저는 잠시 동안만이 아니라 영원히 살기를 원합니다.

저는 제 존재를 다스릴 수 없습니다.

제가 악한 생각으로

제 자신을 멸하고 싶어도 그리할 수 없습니다.

저는 영원히 지성과 의식을 지니고 살아 가야 합니다.

하지만 하나님 없는 영원은

영원한 불행일 수밖에 없습니다.

저는 오직 하나님 안에서만 저 자신을 지탱할 수 있습니다.

하나님은 홀로 영원한 저의 양식이십니다.

인생의 행로를 묻고 싶을 때때

하나님은 홀로 지극히 풍성하시며,
언제나 저에게 새로운 지식과
사랑의 대상을 영원히 제공하십니다.
저는 하나님의 거룩한 본질의 기본 원리를
배우기 시작하는 어린아이입니다.
대저 하나님은 모든 선(善)의 소재지요 중심이십니다.
하나님은 이 덧없는 세상에서 유일한 실체이시며,
복된 영들이 즐거이 거하는 하늘 나라이십니다. 아멘.

목마른 사슴의 노래

신현복●엮은이

목사. 한국교회와 가정을 연구하는 모임 대표.
한신대 · 한신대대학원을 졸업하고 한국실천신학박사원
박사과정을 밟고 있다. 한국전문화목회연구원 · 한국심리치료연구소
김영애가족치료연구소 등에서 연구활동을 했으며, 특히
박근원 박사의 지도로 〈새로운 예배자료〉(전5권, 진흥)와
〈예배자료21〉(전5권, 대한기독교서회)을 비롯한
여러 가지 연구프로젝트에 함께 했다. 지은책으로 〈건빵〉,
옮긴책으로 〈희망의 목회상담〉 (레스터) 등이 있다.

한국의 크리스천을 위한
31일 동안의 치유기도서

목마른 사슴의 노래

엮은이 신현복
펴낸이 길청자
펴낸곳 도서출판 아침
초판1쇄인쇄 1999년 1월 31일
초판1쇄발행 1999년 2월 5일
등록 제7호 (1999.1.7)
주문처(총판) 생명의 샘
서울 · 송파구삼전동65
전화 421-5222
팩스 419-1452
기획 열린마당
제작 삼덕미디어

* 정가는 뒷표지에 표시되어 있습니다.
* 잘못 만들어진 책은 책방에서 바꾸어 드립니다.
* 엮은이와 협약에 의하여 인지를 붙이지 않았습니다.

ⓒ 신현복, 1999

* 가까운 책방에 책이 없을 때에는
 (02)421-5222로 전화주시면 송료 본사부담으로 책을 보내드립니다.

ISBN 89-88764-02-1   33230